权威·前沿·原创

皮书系列为
"十二五""十三五""十四五"国家重点图书出版规划项目

BLUE BOOK

智库成果出版与传播平台

传媒竞争力蓝皮书

BLUE BOOK OF MEDIA COMPETITIVENESS

中国传媒国际竞争力研究报告（2021）

REPORT ON THE INTERNATIONAL COMPETITIVENESS OF CHINESE MEDIA (2021)

主编 / 李本乾

社会科学文献出版社

SOCIAL SCIENCES ACADEMIC PRESS（CHINA）

图书在版编目（CIP）数据

中国传媒国际竞争力研究报告. 2021 / 李本乾主编
. -- 北京：社会科学文献出版社，2022.4
（传媒竞争力蓝皮书）
ISBN 978 - 7 - 5201 - 9615 - 4

Ⅰ. ①中… Ⅱ. ①李… Ⅲ. ①传播媒介 - 国际竞争力
- 研究报告 - 中国 - 2021 Ⅳ. ①G219.2

中国版本图书馆 CIP 数据核字（2022）第 018783 号

传媒竞争力蓝皮书
中国传媒国际竞争力研究报告（2021）

主 编 / 李本乾

出 版 人 / 王利民
责任编辑 / 张建中
责任印制 / 王京美

出 版 / 社会科学文献出版社·政法传媒分社（010）59367156
地址：北京市北三环中路甲 29 号院华龙大厦 邮编：100029
网址：www.ssap.com.cn
发 行 / 社会科学文献出版社（010）59367028
印 装 / 天津千鹤文化传播有限公司

规 格 / 开 本：787mm × 1092mm 1/16
印 张：12.25 字 数：179 千字
版 次 / 2022 年 4 月第 1 版 2022 年 4 月第 1 次印刷
书 号 / ISBN 978 - 7 - 5201 - 9615 - 4
定 价 / 128.00 元

读者服务电话：4008918866

　　本报告系教育部哲学社会科学发展研究报告培育项目"中国传媒国际竞争力研究报告"（11JBG045）、上海市教委科研创新研究人文社会科学重大项目"基于社交图谱算法的涉华意识形态重大风险智能预警及精准治理研究"的成果。

主要编撰者简介

李本乾 上海交通大学媒体与传播学院院长、上海交通大学智能传播研究院院长，教授、博士生导师，教育部"长江学者奖励计划"特聘教授、享受国务院政府特殊津贴专家、中宣部文化名家暨"四个一批"领军人才。

刘 强 上海理工大学出版印刷与艺术设计学院教授，上海交通大学智能传播研究院研究员。

王大可 博士，上海交通大学媒体与传播学院助理研究员、上海交通大学智能传播研究院研究员。

汤茜草 广西师范大学政治与公共管理学院副教授。

冯 妮 博士，上海交通大学船舶海洋与建筑工程学院助理研究员，上海交通大学智能传播研究院研究员。

张羽慧 上海交通大学媒体与传播学院教师，上海交通大学智能传播研究院研究员，主要从事政治传播与政治教育研究。

摘　要

　　全书由"总报告"、"资源篇"、"产品篇"、"服务篇"、"企业篇"、"案例篇"六部分内容构成，从资源禀赋、产品、服务、企业等多个方面，对中国传媒的国际竞争力进行了系统性的评价和分析，得到中国传媒整体出口规模持续位居世界前列、传媒产品出口规模锐减、传媒贸易逆差持续扩大、传媒产品出口核心竞争力较低、中国传媒国际竞争力未得到有效改善等结论。

　　"总报告"从中国传媒全球市场出口规模、产品结构、贸易额及国际竞争力指标评价等角度，系统考察了中国传媒国际竞争力位次的演变情况。

　　"资源篇"从历史文化资源禀赋、艺术产品等方面对中国文化资源的国际竞争力情况进行了分析研究。

　　"产品篇"和"服务篇"依据 UNCTAD 产业分类标准，研究了中国视听产品，新媒体产品，出版物产品，以及计算机与信息服务，版税和许可费服务，"个人、文化和娱乐服务"的国际竞争力情况。

　　"企业篇"从文化企业的经营业绩表现方面对中国文化企业的国际竞争力进行比较分析，得出中国文化企业竞争力整体落后于发达国家、中国文化企业国际竞争力提升幅度大等结论。

　　"案例篇"包括 2 篇文章。《新媒体时代城市形象短视频营销研究》通过横向和纵向的对比，探析传统媒体时代与新媒体时代城市营销的不同、新媒体时代官方媒体与自媒体利用短视频进行城市营销

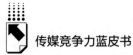

的差别。《"新神话"动画电影的创作与发展策略研究》基于"新神话"动画电影典型案例的分析,指出随着"新神话"动画电影市场的逐渐饱和与观众审美阈值的提高,创作者更应该把注意力放在内容创作方面的提升上。

关键词: 中国传媒 中国文化 国际竞争力 对外传播 走出去

目 录 ◥ꗢꗢꗢꗢ

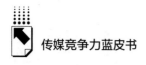

〔皮书数据库阅读**使用指南**〕👆

总 报 告

Thematic Report

B.1

中国传媒国际竞争力评价报告（2021）

李本乾　舒天楚　刘 强*

摘　要：　从中国传媒全球市场出口规模、产品结构、贸易额及
　　　　　国际竞争力指标评价等角度，系统考察了中国传媒国
　　　　　际竞争力位次的演变情况，发现中国传媒整体出口规
　　　　　模持续位居世界前列、传媒产品出口规模锐减、传媒
　　　　　贸易逆差持续扩大、传媒产品出口核心竞争力较低、
　　　　　中国传媒国际竞争力未得到有效改善，等等。

---

* 李本乾，上海交通大学媒体与传播学院院长、上海交通大学智能传播研究院院
　长，教授、博士生导师。教育部"长江学者奖励计划"特聘教授、享受国务院
　政府特殊津贴专家、中宣部文化名家暨"四个一批"领军人才。舒天楚，上海
　交通大学媒体与传播学院硕士研究生。刘强，上海理工大学出版印刷与艺术设计
　学院教授，上海交通大学智能传播研究院兼职研究员，主持国家社科基金项目2
　项、教育部人文社科项目1项，以及其他省部级课题多项。

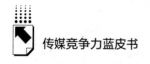
关键词： 中国传媒 传媒产品 传媒服务 国际竞争力

一 引言

中国经济经历 2018 年的转折，迎来 2019 年的变局。中美两国间发生激烈且持久的贸易摩擦，全球宏观经济环境不确定性因素持续增多，世界正面临"百年未有之大变局"，我国发展的内部条件以及外部环境正在发生着深刻复杂的变化。2019 年全年，我国国内生产总值为 990865.1 亿元，经济增速持续放缓，我国整体经济下行压力增大。

聚焦我国传媒产业发展年轮，2018 年中国传媒产业总规模达 20959.5 亿元，突破 2 万亿元大关。从增长率看，中国传媒产业增速虽从 2017 年的 16.6% 放缓至 10.5%，但产业规模仍在全球传媒产业总产值中占比达 1/7。2019 年，中国传媒产业继续保持增长势态，但增速首次回落至 10% 以下，总产值达 22625.4 亿元，增速 7.95%。[①]

2020 年，突如其来的新冠肺炎疫情成为全人类共同面对的最大考验，这场百年一遇的重大公共卫生危机加速了世界格局的演变进程，也加速了传媒产业的变革进程。新冠肺炎疫情放大并加速了传媒产业消费者的行为转变，全方位影响我国以及国际传媒产业各环节、各主体。与此同时，在中国疫情常态化防控形势下，信息交流体系和交流方式发生极大转变，为传媒业的产品形态、生产模式等带来新的机遇，我国传媒产业持续涌现后疫情时代新发展局面。

大变局下，新冠肺炎疫情给国际传媒产业带来的冲击仍在持续。保持社交距离及限制人员流动使数字化、虚拟化的意义更为凸显，传

---

① 崔保国：《中国传媒产业发展报告（2019）》，社会科学文献出版社，2019。

媒未来发展趋势更充满了不确定性。在5G、物联网、大数据、人工智能和虚拟现实等技术赋能之下，中国传媒产业所面临的结构性调整更为复杂，产业形态、模式与边界得以重塑，传统传媒业正在经历从数字化向智能化的转型升级。

与此同时，我国经济长期向好的基本面没有变。中国推出的一系列深化改革开放的举措有利于促进中国国内经济增长，有助于构建以国内大循环为主体、国内国际双循环相互促进的新发展格局，与各国建立更高水平、更紧密的经贸合作关系。

全球视野是传媒产业发展的现实语境，我国传媒产业的发展越来越离不开世界眼光和国际市场。在特殊时代背景下，探讨我国传媒产业的国际竞争力有着更为重要且紧迫的现实意义，对国家"软实力"的提升作用不可小觑。本研究报告将从国家、产业、企业以及产品等多个方面，对中国传媒的国际竞争力进行全面深刻的分析与评价。

二　研究概念与数据范畴

（一）多层面的国际竞争力评价

认识中国传媒产业的优劣势和在全球传媒产业中所处的位置，有效评估其国际竞争力，具有至关重要的现实意义。美国学者迈克尔·波特（Michael Porter）提出的"钻石模型"理论在产业国际竞争力分析框架中使用广泛，其认为生产要素水平及需求状况、相关产业国际竞争力、企业战略及结构、同行竞争这四项基本决定因素，与政府政策、机遇两方面辅助因素共同影响着产业的国际竞争力。这些要素相互影响，成为衡量产业国际竞争力的重要指标。

既往研究认为，国际竞争力有产品竞争力、企业竞争力、产业竞争力以及国家竞争力这几种类型。① （见图1）从经济学视角看，关于产业国际竞争力的讨论分别对应着微观、中观和宏观层次。测量国际竞争力常用的方法是比较优势分析法，主要有国际市场占有率、贸易竞争指数和显示性比较优势指数等指标，这些指标从不同角度直接或间接反映一国或某行业的贸易竞争力。近年来，我国学界逐步建立基于比较优势与竞争优势的产业国际竞争力评价体系。朱春奎从竞争力的来源出发，提出产业竞争力来源于竞争力环境、竞争力资产、竞争力过程三个方面。② 学者金碚提出显示性指标、直接因素指标、间接因素指标等三维度指标体系。③ 在此基础上，学者花建进一步细化，提出了多层级测量指标，从产业的整体创新能力、市场拓展能力、成本控制能力、可持续发展能力出发，将产业竞争力分为产业实力、产业效益、产业关联、产业资源、产业能力、产业结构和产业环境等七个层级进行测量。④ 目前，我国关于传媒产业竞争力的评价方法已有大量的研究。与此同时，评价体系的科学性有待进一步验证，仍存在指标体系庞杂、赋权主观性较重、过于倚重外在环境评价等问题。

本研究认为，应当分层次、分类别对我国传媒产品国际竞争力进行评价，以求达到全面评价、科学分析的效果。产业国际竞争力评价与产业的分类密切相关，综合现有研究来看，各国政府和不同国际组织对传媒产业的范畴界定尚未达成共识，故从整体上对传媒产业竞争力进行国际比较还存在较大困难。考虑到在世界范围内，各层次研究

---

① 裴长洪、王镭：《试论国际竞争力的理论概念与分析方法》，《中国工业经济》2002年第4期。

② 朱春奎：《产业竞争力的理论研究》，《生产力研究》2003年第6期。

③ 金碚：《竞争力研究的理论、方法与应用》，《综合竞争力》2009年第1期。

④ 花建：《文化产业竞争力的内涵、结构和战略重点》，《北京大学学报》（哲学社会科学版）2005年第2期。

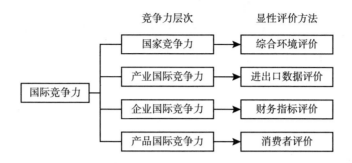

图 1 国际竞争力的层次

对象在统计口径上尚存在较大差异，故本研究主要选用进出口数据，通过表征竞争力的显性性指标来评价我国传媒产业国际竞争力。

（二）数据来源与统计范围

联合国商品贸易统计数据库（United Nations Comtrade Database）是官方国际贸易统计数据和相关分析表格的储存库，[1] 由联合国统计署于 1960 年代创建，是目前全球最大、最权威的国际商品贸易数据型资源库，提供 254 个国家或地区 6000 多种不同商品的贸易记录，覆盖全球绝大部分的商品交易。所有商品值按呈报国家的货币汇率或月度市场比率和交易额度转换成美元。[2] 该数据库持续更新，能够真实反映国际商品流动趋势。由于传媒产业缺乏标准统一的统计口径，故本研究的原始产业数据主要源自该库。

由于部分国家和地区的传媒进出口数据完全或部分缺失，因此本报告主要统计研究二十国集团（G20）所覆盖的国家和地区的传媒产

---

[1] 联合国经济和社会事务部：《联合国商品贸易统计数据库》，https：//comtrade. un. org／。

[2] 邢洁、刘国亮：《产品吸引力、全要素生产率与企业出口市场份额》，《产业经济评论》2019 年第 3 期。

业国际竞争力。二十国集团峰会诞生于 1999 年，是世界主要经济体的财政部部长和中央银行行长之间的协商论坛。2008 年经济危机后，它成为国家元首和政府首脑之间的论坛，旨在更好地协调解决主要的全球问题。这些国家的人口为世界总人口的 60%，而国民生产总值约占全世界的 80%。①

《商品名称及编码协调制度》是系统的、多用途的国际贸易商品分类体系。在本研究对产业结构及传媒产品的分析中，传媒商品贸易基于国际通行的 HS07 商品统计分类标准，传媒服务贸易则以《国际服务贸易统计手册 2010》为分类标准。国际贸易按交易内容理解，可分为经营者提供的商品贸易和服务贸易，传媒产业国际贸易方面的数据包括"传媒商品"和"传媒服务"两大部分。本研究收集数据的时间范围为 2011 年至 2018 年。

（三）中国传媒产品的分类与界定

根据前述分类范畴，本研究将传媒产品分为"商品"（Goods）与"服务"（Services）两大类别，与数据库中贸易类型一致，并进一步划分为若干小类以厘清我国传媒产业内部生态及对外贸易结构，构建本研究统计分析的基础。本研究原始数据主要取自 UN Comtrade Database，传媒商品贸易和服务贸易的数据均根据该数据汇总并计算获得。

传媒商品的分类采用 HS07 产品统计分类标准，将我国传媒商品划分为"视听"（电影胶片、CD、DVD、Tapes）、"新媒体"（数字录制、视频游戏）及"出版物"（图书、报纸、其他出版物）三大类进入国际贸易的商品统计类别，并进一步细分为九小类对数据库中的贸易商品进行分类统计。（见表 1）

---

① 《G20 峰会国际官网》，https：//www. g20. org/。

表 1　本研究传媒商品的统计类别

大类	小类	HS07 商品代码
视听	电影胶片	370610、370690
	CD	852329
	DVD	852340
	Tapes	852380
新媒体	数字录制	852321、852351 852352、852359
	视频游戏	950410、950430
出版物	图书	490110、490191 490199、490300
	报纸	480100、490210、490290
	其他出版物	490510、490591、490599、490810 490890、490900 491000、491110

资料来源：根据 United Nations Comtrade Database、中国商务部公共商务信息服务统计标准整理。

联合国（UN）等六大国际机构于 2002 年共同编写并发布了《国际服务贸易统计手册》（MSITS），形成了国际服务贸易统计的基本框架，构建起具有可比性的统一规则。2010 年，联合国等七大国际组织对其进行了修订，使其成为当前国际服务贸易统计方面的最新标准。《国际服务贸易统计手册》（MSITS 2010）按照《国际收支服务扩展分类》（EBOPS 2010），将"服务贸易"分为 12 大类。本研究继续采用《国际服务贸易统计手册》的分类，主要研究"计算机和信息服务"、"版税和许可费服务"以及"个人、文化和娱乐服务"三种传媒服务的国际竞争态势。（见表 2）

表2　本研究传媒服务的统计类别

大类	小类	EBOPS 类目
计算机和信息服务	计算机服务	7.1
	信息服务	7.2
版税和许可费服务	特许专营权和类似权利	8.1
	其他特许使用费和许可费	8.2
个人、文化和娱乐服务	音像及相关服务	10.1

三　中国传媒的全球市场出口规模

（一）中国传媒整体出口规模

1. 中国传媒整体出口规模的变化态势

2011 年至 2018 年，我国传媒整体出口规模呈现增长态势，2015年高速增长 20.86%，当年出口总额约 449.85 亿美元。2017 年，我国传媒整体出口规模出现较大幅度下降态势，当年出口总额约400.22 亿美元，同比下降达 11.17%。而 2018 年逆转，当年出口总额约 435.86 亿美元，增幅达 8.90%。（见表3、图2）

表3　2011～2018 年中国传媒整体出口规模年度变化情况

单位：美元，%

年份	输出规模	年增速
2011	27536840242	——
2012	33566834614	21.90
2013	33672400063	0.31
2014	37222186332	10.54

续表

年份	输出规模	年增速
2015	44984981872	20.86
2016	45053121680	0.15
2017	40022399223	−11.17
2018	43586238393	8.90

资料来源：UN Comtrade。

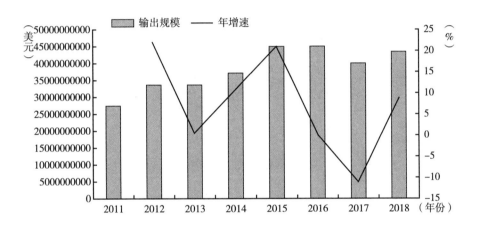

图2　2011～2018年中国传媒整体出口规模年度变化情况

资料来源：UN Comtrade。

2. 中国传媒整体出口规模的2018年度排名

2018年度，中国传媒整体出口规模超过435.86亿美元，位居G20各国（地区）第五名。爱尔兰以约1169.30亿美元出口额位居第一，印度、荷兰分列第二、第三位。中国香港表现亮眼，以约79.22亿美元出口额位居第十二位，香港传媒产业体现出良好的综合竞争力和创新能力。与2014年相比，中国传媒出口规模持续位居世界前列。美国由2014年位居全球第一跌至第十，整体出口规模大幅缩减。（见表4）

表4　2018 年 G20 各国（地区）传媒整体出口规模排名

单位：美元

排名	国家/地区	2018 年传媒整体出口规模	排名	国家/地区	2018 年传媒整体出口规模
1	爱尔兰	116929988520	11	德国	8165780826
2	印度	84219836521	12	中国香港	7922443021
3	荷兰	55356221254	13	马来西亚	7812902238
4	日本	52223323061	14	俄罗斯	6532622521
5	中国	43586238393	15	菲律宾	6094879631
6	新加坡	26109135247	16	英国	5375299275
7	加拿大	18028605402	17	澳大利亚	5337208048
8	以色列	16822373242	18	巴西	3596498607
9	韩国	15982226593	19	波兰	3351081842
10	美国	9326466696	20	法国	3108368346

注：部分国家/地区可能因部分服务或产品类别数据缺失，传媒出口总额存在小幅偏差。

（二）中国传媒的商品贸易输出态势

1. 中国传媒商品贸易输出规模的变化态势

中国传媒的商品贸易输出规模在 2017 年出现断崖式下跌，自 2016 年下降约 4.78% 后，2017 年下降幅度约 57.44%，输出规模锐减至约 75.59 亿美元。2018 年我国传媒的商品贸易输出规模小幅回升至约 80.02 亿美元，较 2017 年增长约 5.86%。（见表5、图3）

表5　2011～2018 年中国传媒的商品贸易输出规模年度变化情况

单位：美元，%

年份	输出规模	年增速	年份	输出规模	年增速
2011	14511479606	—	2015	18651442320	20.54
2012	17469224666	20.38	2016	17759438365	-4.78
2013	15607289763	-10.66	2017	7558963139	-57.44
2014	15472894432	-0.86	2018	8001705300	5.86

资料来源：UN Comtrade。

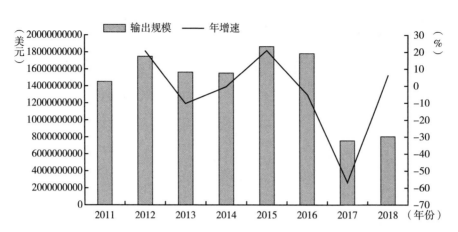

图 3　2011～2018 年中国传媒的商品贸易输出规模年度变化情况

资料来源：UN Comtrade。

2. 中国传媒商品贸易的输出结构

中国传媒的出口商品贸易结构中，新媒体类型占据半壁江山，2011～2016 年均占比 70% 以上，且总体上三类产品的比重相对保持稳定。而 2017～2018 年，新媒体产品的出口占比出现显著下降，跌落至 50% 以下。与此同时，出版物类型占比跃升至 38% 以上，视听类型占比也有小幅上升，由 2015 年的 7.34% 升至 2018 年的 12.73%。（见表 6、图 4）

表 6　2011～2018 年中国传媒商品贸易输出结构年度变化情况

单位：%

年份	视听商品比重	新媒体商品比重	出版物商品比重
2011	9.68	71.98	18.33
2012	8.43	74.78	16.79
2013	9.06	71.11	19.83
2014	7.32	72.21	20.46
2015	7.34	75.58	17.08
2016	6.33	77.66	16.01
2017	11.61	49.65	38.73
2018	12.73	48.90	38.37

资料来源：UN Comtrade。

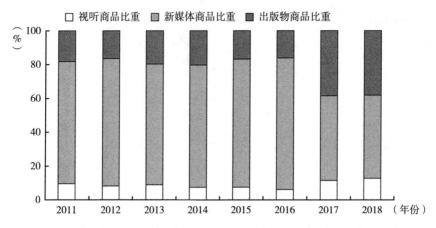

图4 2011～2018年中国传媒商品贸易输出结构年度变化情况

资料来源：UN Comtrade。

3. 中国传媒商品贸易输出规模的 G20 排名

2018 年，中国传媒产品出口规模约 80.02 亿美元，位居 G20 各国（地区）第三，与 2015 年位居全球第一的规模相对比，体量缩减超一半。美国以约 93.26 亿美元的规模位居 G20 各国（地区）第一，德国以约 81.66 亿美元出口规模位居第二。该年度，中国香港的出口规模约 79.22 亿美元，排名第四。（见表7）

表7 2018 年 G20 各国（地区）传媒商品贸易输出规模排名

单位：美元

排名	国家/地区	2018 年传媒产品出口规模	排名	国家/地区	2018 年传媒产品出口规模
1	美国	9326466696	8	加拿大	4340605402
2	德国	8165780826	9	荷兰	3591036742
3	中国	8001740530	10	波兰	3351081842
4	中国香港	7922443021	11	法国	3108368346
5	新加坡	5832973204	12	韩国	3100926593
6	英国	5375299275	13	日本	2118468064
7	马来西亚	4722812772	14	澳大利亚	2090203701

排名	国家/地区	2018 年传媒产品出口规模	排名	国家/地区	2018 年传媒产品出口规模
15	意大利	1580481193	18	俄罗斯	1257422521
16	比利时	1494380355	19	墨西哥	1178511366
17	西班牙	1335836403	20	爱尔兰	1034345387

资料来源：UN Comtrade。

注：部分国家/地区可能因部分产品类别数据缺失，传媒产品总额存在小幅偏差。

（三）中国传媒的服务贸易输出态势

1. 中国传媒服务贸易输出规模的变化态势

中国传媒服务贸易输出规模在 2011～2018 年持续保持增长态势，由 2011 年的约 130.25 亿美元增长到 2018 年的约 355.84 亿美元。其中 2012 年、2014 年和 2015 年增长较快，增幅分别达 23.59%、20.39% 和 21.08%。2016 年增幅显著放缓，保持 3.65% 的增长。2018 年，中国传媒服务贸易输出规模的增速再次放缓，但增速依旧达 9.61%。总体来看，中国传媒服务贸易出口规模已远超商品贸易出口规模。（见表 8、图 5）

表 8   2011～2018 年中国传媒服务贸易输出规模年度变化情况

单位：美元，%

年份	输出规模	年增速
2011	13025360636	—
2012	16097609948	23.59
2013	18785110300	16.70
2014	21749291900	20.39
2015	26333539552	21.08

年份	输出规模	年增速
2016	27293683315	3.65
2017	32463436084	18.94
2018	35584497863	9.61

资料来源：UN Comtrade。

（注：由于音像及相关服务 2015～2018 年数据缺失，所以中国的音像及相关服务数据采用中国商务部公共商务信息服务提供的"个人、文化和娱乐服务"数据进行替代。）

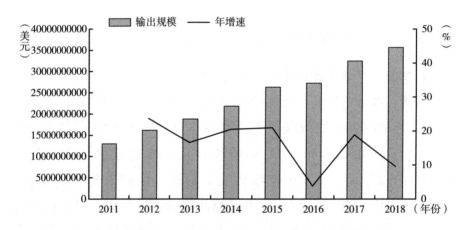

图 5　2011～2018 年中国传媒服务贸易输出规模年度变化情况

资料来源：UN Comtrade。

2. 中国传媒服务贸易的输出结构

2011～2018 年中国传媒服务贸易输出结构中，计算机和信息服务输出占主体，其占比均在 82% 以上。整体来看，计算机和信息服务的出口比重呈小幅下降趋势。版税和许可费服务占比呈上升趋势，但是由于无具体的分类数据，版税和许可费服务包含较多非传媒类服务的出口值，不足以说明中国在版税和许可费服务方面的竞争优势。在与传媒直接相关的核心服务——"个人、文化和娱乐服务"中，中国的输出规模较小，8 年来的占比均不足 5%。（见表 9、图 6）

表9 2011～2018年中国传媒服务贸易输出结构年度变化情况

单位：%

年份	计算机和信息服务比重	版税和许可费服务比重	个人、文化和娱乐服务比重
2011	93.53	5.71	0.77
2012	89.79	6.49	3.73
2013	91.02	4.72	4.26
2014	92.75	3.11	4.14
2015	93.22	4.12	2.66
2016	93.18	4.25	2.56
2017	82.74	14.80	2.46
2018	84.37	15.63	0.00

资料来源：UN Comtrade。

注：由于"个人、文化和娱乐服务"的2018年数据缺失，所以2018年该项服务的比重为0。

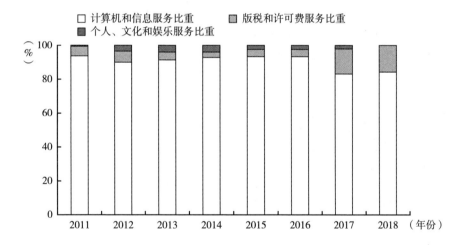

图6 2011～2018年中国传媒服务贸易输出结构年度变化情况

资料来源：UN Comtrade。

3. 中国传媒服务贸易输出规模的G20排名

2018年，在美国数据缺失前提下，爱尔兰跃居至首位，其传媒服务出口规模由2014年的约710.84亿美元大幅增长至约1158.96亿美元，印度、荷兰分列第二、第三名。与传媒产品相比，中国传媒服务的规模优势并没有凸显。中国传媒服务出口规模持续位居世界前列，以约355.84亿美元的出口规模位居第五，但从规模上看不及爱尔兰出口规模的1/3。此外，各国之间传媒服务出口规模差异显著。（见表10）

表10   2018年G20各国（地区）传媒服务出口规模排名

单位：美元

排名	国家/地区	2018年传媒服务出口规模	排名	国家/地区	2018年传媒服务出口规模
1	爱尔兰	115895643133	11	俄罗斯	5275200000
2	印度	83658803420	12	澳大利亚	4850000651
3	荷兰	51765184512	13	巴西	3442952197
4	日本	50104854997	14	马来西亚	3090089466
5	中国	35584497863	15	阿根廷	2352927316
6	新加坡	20276162043	16	突尼斯	2145390449
7	以色列	16598617242	17	土耳其	1440000000
8	加拿大	13688000000	18	印度尼西亚	1361756660
9	韩国	12881300000	19	哥斯达黎加	1249012965
10	菲律宾	5984060751	20	新西兰	1162515797

资料来源：UN Comtrade。

注：部分国家可能因部分服务类别数据缺失，传媒服务出口总额存在偏差，如美国、法国、德国2018年传媒服务出口数据缺失。

四 中国传媒出口贸易结构演变

（一）中国传媒出口贸易比重变化

2011~2018年，中国传媒国际贸易结构发生了显著变化。传媒产品占比持续下降，2011年传媒产品比重为52.70%，2018年下降至18.36%。与此同时，传媒服务占比逐年增长，8年间由47.30%增长至81.64%，传媒服务在传媒国际贸易中的重要程度不断提升。（见表11、图7）

表11　2011～2018年中国传媒出口结构年度变化情况

单位：%

年份	传媒产品比重	传媒服务比重
2011	52.70	47.30
2012	52.04	47.96
2013	46.35	53.65
2014	41.57	58.43
2015	41.46	58.54
2016	39.42	60.58
2017	18.89	81.11
2018	18.36	81.64

资料来源：UN Comtrade。

注：由于音像及相关服务2015～2018年数据缺失，所以中国的音像及相关服务数据采用中国商务部公共商务信息服务提供的"个人、文化和娱乐服务"数据进行替代。

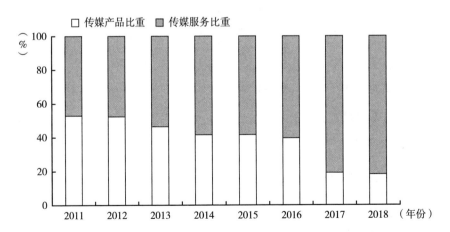

图7　2011～2018年中国传媒出口结构年度变化情况

资料来源：UN Comtrade。

（二）中国传媒服务贸易比重的 G20 排名

2018 年，G20 国家（地区）中 11 个国家传媒服务出口比重超
80%，其中，印度传媒服务出口比重高达 99.33%，与 2014 年贸易
结构一致。中国传媒服务出口比重为 81.64%，位列第九位。墨西哥
与其他国家显著不同，传媒服务出口比重为 1.88%，远低于其他国
家。横向对比来看，传媒服务在中国传媒出口贸易中占比较高。（见
表 12）

表 12　2018 年 G20 各国（地区）传媒服务贸易比重排名

单位：%

排名	国家/地区	2018 年传媒服务出口比重	排名	国家/地区	2018 年传媒服务出口比重
1	印度	99.33	11	韩国	80.60
2	阿根廷	98.30	12	南非	79.37
3	日本	95.94	13	加拿大	75.92
4	巴西	95.73	14	墨西哥	1.88
5	土耳其	94.24	15	法国	—
6	沙特阿拉伯	93.95	16	德国	—
7	印度尼西亚	92.35	17	意大利	—
8	澳大利亚	90.87	18	英国	—
9	中国	81.64	19	美国	—
10	俄罗斯	80.75	20	欧盟	—

资料来源：UN Comtrade。

注：因为美国、法国、英国、德国、意大利、欧盟 2018 年传媒服务进出口数据缺
失，传媒产品贸易差额排名存在一定偏差。

五　中国传媒出口全球市场的贸易差额

（一）中国传媒国际贸易差额发展态势

贸易差额是指一定时期内一国出口总额与进口总额之间的差额，用以表明一国对外贸易的收支状况。一般而言，如果一国（地区）某产业在一定时期内出口额大于进口额，那么从表面看该产业对外贸易处于较为有利的地位。

1. 中国传媒贸易差额

中国传媒整体贸易差额在 2011 年、2012 年和 2015 年都处于贸易顺差状态，特别地，2012 年贸易顺差呈大幅度增加状态，顺差额从 2011 年的约 1.65 亿美元以 2098.38% 的增幅增长至约 36.34 亿美元。但在 2013～2014 年、2016～2018 年，中国传媒贸易均为贸易逆差，并且逆差额以较大增幅增长。其中，2017 年贸易逆差额从上一年的约 2.50 亿美元迅速扩大为约 170.75 亿美元，逆差增速达 6740.74%。2018 年，中国传媒贸易逆差已高达 221.57 亿美元。从贸易差额变化趋势看，中国传媒国际贸易整体竞争力在 8 年间波动较大，并且下降趋势显著。（见表 13、图 8）

表 13　2011～2018 年中国传媒贸易差额年度变化情况

单位：美元，%

年份	贸易差额	年增速
2011	165281762	—
2012	3633514177	2098.38
2013	−1847493124	−150.85
2014	−3441884280	−86.30

续表

年份	贸易差额	年增速
2015	2275407075	166. 11
2016	− 249609927	− 110. 97
2017	− 17075165240	− 6740. 74
2018	− 22157279388	− 29. 76

资料来源：UN Comtrade。

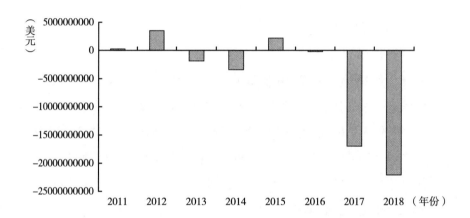

图 8 2011～2018 年中国传媒贸易差额年度变化情况

资料来源：UN Comtrade。

2. 中国传媒贸易差额的 G20 排名

从 2018 年 G20 各国（地区）传媒贸易差额来看，印度以约
673. 44 亿美元的贸易顺差额位居第一，日本、欧盟分别以约 126. 62
亿美元和约 17. 23 亿美元的贸易顺差额位列第二、第三。与之相比，
中国传媒贸易逆差巨大，逆差额高达约 221. 57 亿美元，在 G20 各国
（地区）中排在最末位。这体现出中国传媒虽有较大的国际贸易规
模，但贸易逆差巨大，进出口失衡较为突出。（见表 14）

表14　2018年G20各国（地区）传媒贸易差额排名

单位：美元

排名	国家/地区	2018年传媒贸易差额	排名	国家/地区	2018年传媒贸易差额
1	印度	67344354067	11	沙特阿拉伯	-1976550690
2	日本	12662235022	12	加拿大	-2132530287
3	欧盟	1723449016	13	南非	-2616572739
4	德国	1602959871	14	墨西哥	-2765844339
5	韩国	1449461304	15	印度尼西亚	-3325942897
6	英国	389913500	16	俄罗斯	-5241938874
7	意大利	-236766265	17	澳大利亚	-6553456337
8	法国	-538536325	18	巴西	-6723653578
9	土耳其	-1154413774	19	美国	-7912200802
10	阿根廷	-1308371368	20	中国	-22157279388

资料来源：UN Comtrade。

注：部分国家可能因部分数据缺失，传媒贸易差额存在偏差，如美国、法国、德国2018年传媒服务进出口数据缺失。

（二）中国传媒产品国际贸易差额发展态势

1. 中国传媒产品贸易差额

与传媒整体的逆差趋势不同，近8年来，中国传媒产品一直保持着贸易顺差状态。在2016年之前，总体呈增长趋势，贸易顺差额从2011年的61.90亿美元增至2016年的112.74亿美元。[1] 2017年，中国传媒产品贸易顺差额出现大幅下降，以-87.80%的降幅下降至13.75亿美元。2018年，贸易顺差又出现小幅回升，达到15.74亿美元，但仍与2016年以前的顺差额有巨大差距。（见表15、图9）

---

[1] 在本书中，正文中的叙述采用约数，与图表中数据稍有不同。

表15　2011～2018年中国传媒产品贸易差额年度变化情况

单位：美元，%

年份	贸易差额	年增速
2011	6190167470	—
2012	9228065114	49.08
2013	8124476576	−11.96
2014	8370623820	3.03
2015	11272920989	34.67
2016	11273894181	0.01
2017	1375021170	−87.80
2018	1574230708	14.49

资料来源：UN Comtrade。

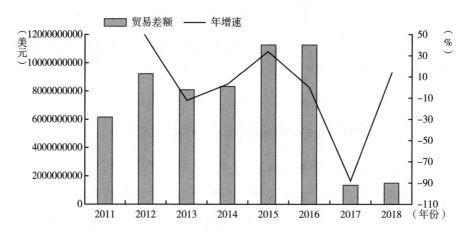

图9　2011～2018年中国传媒产品贸易差额年度变化情况

资料来源：UN Comtrade。

2. 中国传媒产品贸易差额的G20排名

2018年，在G20各国（地区）传媒产品贸易差额中，中国以15.74亿美元的贸易顺差额位居第三，欧盟、德国分别以17.23亿美元和16.03亿美元的贸易顺差额位列第一和第二。其中，美国传媒产品贸易逆差额巨大，高达79.12亿美元，位居G20末位。这体现了中国传媒产品在国际竞争中优势巨大，传媒产品在国际竞争中处于有利地位。（见表16）

表16 2018年 G20 各国（地区）传媒产品贸易差额排名

单位：美元

排名	国家/地区	2018年传媒产品贸易差额	排名	国家/地区	2018年传媒产品贸易差额
1	欧盟	1723449016	11	南非	−328820685
2	德国	1602959871	12	土耳其	−329413774
3	中国	1574230708	13	阿根廷	−343923265
4	韩国	1471261304	14	印度尼西亚	−344443845
5	加拿大	812469713	15	法国	−538536325
6	俄罗斯	576761126	16	沙特阿拉伯	−544821674
7	英国	389913500	17	澳大利亚	−896118038
8	日本	72274176	18	印度	−2074196135
9	意大利	−236766265	19	墨西哥	−2372069312
10	巴西	−253517450	20	美国	−7912200802

资料来源：UN Comtrade。

注：部分国家可能因部分产品类别数据缺失，传媒产品贸易差额存在小幅偏差。

（三）中国传媒服务国际贸易差额发展态势

1. 中国传媒服务贸易差额

与传媒产品截然不同，中国传媒服务贸易一直处于贸易逆差状态，且逆差额总体呈增长趋势。在2015年，贸易逆差额有所减小，降幅达23.83%。但2016～2018年，中国传媒服务逆差不断增加，2018年贸易逆差额扩大为237.32亿美元，为8年来最大。总体来看，中国传媒服务贸易处于不利地位，国际竞争力较弱。（见表17、图10）

表 17 2011～2018 年中国传媒服务贸易差额年度变化情况

单位：美元，%

年份	贸易差额	年增速
2011	−6024885708	—
2012	−5594550937	−7.14
2013	−10691969700	91.11
2014	−11812508100	10.48
2015	−8997513914	−23.83
2016	−11523504108	28.07
2017	−18450186410	60.11
2018	−23731510096	28.62

资料来源：UN Comtrade。

注：由于音像及相关服务 2015～2018 年数据缺失，所以中国的音像及相关服务数据采用中国商务部公共商务信息服务提供的"个人、文化和娱乐服务"数据进行替代。

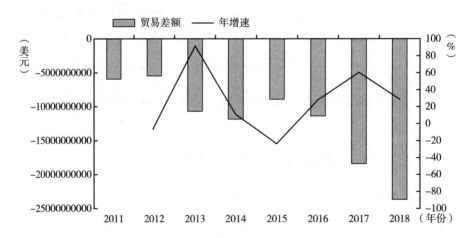

图 10 2011～2018 年中国传媒服务贸易差额年度变化情况

资料来源：UN Comtrade。

2. 中国传媒服务贸易差额的 G20 排名

2018 年，G20 各国（地区）中印度传媒以 694.19 亿美元的贸易顺差额位居第一，日本以 125.90 亿美元的贸易顺差位列第二。其他国家均处于贸易逆差状态，其中中国传媒服务贸易逆差额巨大，在已公布数据的 G20 国家（地区）中为贸易差额最后一名。这表明，中国传媒服务进出口失衡现象尤为严重，国际竞争力较弱。（见表18）

表 18　2018 年 G20 各国（地区）传媒服务贸易差额排名

单位：美元

排名	国家/地区	2018 年传媒服务贸易差额	排名	国家/地区	2018 年传媒服务贸易差额
1	印度	69418550202	11	澳大利亚	− 5657338299
2	日本	12589960846	12	俄罗斯	− 5818700000
3	韩国	− 21800000	13	巴西	− 6470136128
4	墨西哥	− 393775027	14	中国	− 23731510096
5	土耳其	− 825000000	15	法国	—
6	阿根廷	− 964448103	16	德国	—
7	沙特阿拉伯	− 1431729016	17	意大利	—
8	南非	− 2287752054	18	英国	—
9	加拿大	− 2945000000	19	美国	—
10	印度尼西亚	− 2981499052	20	欧盟	—

资料来源：UN Comtrade。

注：因为美国、法国、英国、德国、意大利、欧盟 2018 年传媒服务进出口数据缺失，传媒产品贸易差额排名存在一定偏差。

六　中国传媒产业国际竞争力评价体系

（一）国际竞争力分析指标筛选

在有关产业竞争力的理论研究中，巴拉萨（Balassa）在 1964 年首次提出国际竞争力的概念，他提出，一个国家在国际市场上的销售能力获得提高或降低，即可认为该国家更具备或缺乏国际竞争力。自巴拉萨提出显示性比较优势指数（Index of Revealed Comparative Advantage，RCA）后，SCA、MS、TC、RCA 和 CA 等其他以该指数为基础的指数被广泛用于服务贸易竞争力研究中。根据其定义，令 e 表示一国的总出口，i 表示行业，r 表示国家，则显示性比较优势指数的定义为下式：

$$RCA_i^r = \frac{e_i^r}{\sum\limits_i^n e_i^r} \Big/ \frac{\sum\limits_r^G e_i^r}{\sum\limits_i^n \sum\limits_r^G e_i^r}$$

其中，当一国某行业的 RCA 指数大于 1 时，表明该国该产业具有比较优势，即该产业具有国际竞争力；RCA 指数小于 1 时，表明该国该产业具有比较劣势。[1]

贸易竞争力指数（Trade Competitiveness Index，TCI）通常指一个国家某类产品的净出口额占该类产品贸易总值的份额，强调了某产业在一国国际贸易中的地位，反映一国某种产业生产效率在国际上的水平。其公式表达为：

$$TC_I = \frac{X_i - M_i}{X_i + M_I}$$

X_i 为产品 i 的出口值，M_i 为产品 i 的进口值，TCI 的取值范围为 $[-1, 1]$，其中，当一国某产业的 TCI 值大于 0 时，表明该国的该产业具有较强的出口竞争力；而当 TCI 值小于 0 时，表明该国的该产业具有较弱的出口竞争力。

贸易竞争力指数（TCI）与显示性比较优势指数（RCA）测算结

---

① 张禹、严兵:《中国产业国际竞争力评估——基于比较优势与全球价值链的测算》,《国际贸易问题》2016 年第 10 期。

果得出的结论不尽相同，上述指数也存在各自缺陷。贸易竞争力指数（TCI）只考虑一国自身的贸易状况，缺乏国际层面的比较。巴拉萨的理论假设是各国进行水平分工，同时一种商品的生产全部在一国内部完成，产业的边界以国家为界。而伴随着全球化进程的推进，这一计算方式在全球价值链时代受到了严峻挑战。显示性比较优势指数（RCA）虽然考虑到与国际层面的比较，但仅考虑出口状况，缺少对进口和国内市场因素的考量。

综合已有研究来看，我国学者对国际竞争力的测算普遍采用传统的贸易竞争力指数（TCI）、显示性比较优势指数（RCA）等。为尽可能全面地对中国传媒产业的国际竞争力进行综合评价，本研究引入净出口显示性比较优势指数（Net Export Revealed Competitive Advantage，NXRCA），并与贸易竞争力指数（TCI）相结合来测量中国传媒产业的国际竞争力。

（二）中国传媒产业贸易竞争力指数（TCI）

贸易竞争力指数（TCI）指的是一国进出口贸易的差额占其进出口贸易总额的比重，该指标作为贸易总额的相对值，在 -1 到 1 之间变动，TCI 值越高表示国际竞争力越强。一般认为，当 $0.8 \leqslant TCI < 1$ 时，说明该产品具有非常明显的竞争优势；当 $0.5 \leqslant TCI < 0.8$ 时，说明该产品具有较明显的竞争优势；当 $0 < TCI < 0.5$ 时，则说明该产品具有竞争优势，但不明显。当 $-1 < TCI \leqslant -0.8$ 时，该产品处于非常明显的竞争劣势；当 $-0.8 < TCI \leqslant -0.5$ 时，该产品处于较明显的竞争劣势；当 $-0.5 < TCI < 0$ 时，该产品处于竞争劣势，但不明显。当 TCI 接近 0 时，该产品的竞争力呈现中性，即与国际平均水平相当。

1. 中国传媒产业整体贸易竞争力及 G20 各国（地区）排名

从 2011～2018 年指数变动情况看，中国传媒产业的贸易竞争力指数值处于正负起伏。其间，2011～2016 年，中国 TCI 值在 0 上下波动，显示这一时期我国传媒产业国际竞争优势中等，其生产效率与国际水平较为接近。2017~2018 年该值显著降低，说明中国传媒产业的整体贸易竞争力已经处于劣势，且竞争劣势逐渐增大。（见表 19）

表 19　2011~2018 年中国传媒产业整体 TCI 值变动

年份	2011	2012	2013	2014	2015	2016	2017	2018
TCI	0.0030	0.0572	-0.0267	-0.0442	0.0259	-0.0028	-0.1758	-0.2027

资料来源：根据 UN Comtrade 数据库相关数据计算获得。

2018 年度，G20 各国（地区）中包括中国在内的 14 个国家 TCI 值为负，整体处于竞争劣势，而印度传媒出口呈现较高的传媒贸易竞争力。与 2014 年世界传媒出口 20 强的 TCI 值相比，印度传媒持续位居 TCI 值最高位，而美国传媒则由竞争优势转为竞争劣势地位。（见表 20）

表 20　2018 年 G20 各国（地区）传媒产业整体 TCI 比较

排名	国家/地区	2018 年传媒 TCI	排名	国家/地区	2018 年传媒 TCI
1	印度	0.6661	11	阿根廷	-0.2146
2	日本	0.1380	12	土耳其	-0.2742
3	德国	0.1088	13	俄罗斯	-0.2863
4	欧盟	0.0863	14	美国	-0.2978
5	韩国	0.0475	15	澳大利亚	-0.3804
6	英国	0.0376	16	巴西	-0.4831
7	加拿大	-0.0558	17	印度尼西亚	-0.5300
8	意大利	-0.0697	18	墨西哥	-0.5352
9	法国	-0.0797	19	南非	-0.5838
10	中国	-0.2027	20	沙特阿拉伯	-0.7672

资料来源：根据 UN Comtrade 数据库相关数据计算获得。

注：因为美国、法国、英国、德国、意大利、欧盟 2018 年传媒服务进出口数据缺失，传媒 TCI 排名存在一定偏差。

2. 中国传媒产业产品贸易竞争力指数及 G20 各国（地区）排名

与整体 TCI 变动态势不同，2011～2016 年中国传媒产品出口的 TCI 值均大于 0，从数值变动看出，中国传媒产品的国际竞争力持续增强，但总体处于［0.2，0.5］区间，竞争优势尚不凸显。2017 年，中国传媒产品 TCI 出现断崖式下降，说明该年度中国传媒产品国际竞争优势地位显著下降，2018 年则有微幅回升。（见表 21）

表 21　2011～2018 年中国传媒产业产品贸易 TCI 变动

年份	2011	2012	2013	2014	2015	2016	2017	2018
TCI	0.2711	0.3589	0.3954	0.3708	0.4331	0.4650	0.1001	0.1091

资料来源：根据 UN Comtrade 相关数据计算获得。

2018 年，在 G20 国家（地区）中，12 个国家传媒产品出口 TCI < 0，说明这些国家传媒产品出口整体处于竞争劣势地位，其中沙特阿拉伯 TCI 值为 - 0.9375，说明该国传媒产品出口处于非常明显的竞争劣势地位。韩国、俄罗斯、中国等 8 个 G20 国家（地区）则具有一定传媒产品国际竞争力。与 2015 年相比，加拿大传媒产品 TCI 由负转正，体现了其传媒产品国际竞争力的提升。（见表 22）

表 22　2018 年 G20 各国（地区）传媒产品出口的 TCI 比较

排名	国家/地区	2018 年传媒产品 TCI	排名	国家/地区	2018 年传媒产品 TCI
1	韩国	0.3110	8	日本	0.0174
2	俄罗斯	0.2976	9	意大利	- 0.0697
3	中国	0.1091	10	法国	- 0.0797
4	德国	0.1088	11	美国	- 0.2978
5	加拿大	0.1033	12	巴西	- 0.4522
6	欧盟	0.0863	13	南非	- 0.4607
7	英国	0.0376	14	澳大利亚	- 0.4791

排名	国家/地区	2018 年传媒产品 TCI	排名	国家/地区	2018 年传媒产品 TCI
15	墨西哥	-0.5016	18	土耳其	-0.6518
16	印度尼西亚	-0.6042	19	阿根廷	-0.8087
17	印度	-0.6489	20	沙特阿拉伯	-0.9375

资料来源：根据 UN Comtrade 数据库相关数据计算获得。

3. 中国传媒产业服务贸易竞争力指数及 G20 各国（地区）排名

2011～2018 年，中国传媒产业服务贸易 TCI 一直为负，在 -0.3～-0.1 浮动。数值表明，中国传媒产业服务贸易一直处于竞争劣势。且自 2015 年开始一直处于下降态势，说明竞争劣势未得到改善，反而一直在加剧。（见表 23）

表 23　2011～2018 年中国传媒产业服务贸易 TCI 变动

年份	2011	2012	2013	2014	2015	2016	2017	2018
TCI	-0.1878	-0.1480	-0.2284	-0.2136	-0.1459	-0.1743	-0.2213	-0.2501

资料来源：根据 UN Comtrade 数据库相关数据计算获得。

2018 年，G20 国家（地区）中仅印度和日本的 TCI 值为正，印度传媒产业服务贸易表现出较强的国际竞争力。其余 12 个国家 TCI 值均为负，整体处于竞争劣势。其中，墨西哥 TCI 值接近 -0.9，说明该国传媒服务处于较大的竞争劣势地位，传媒服务贸易竞争力劣势凸显。（见表 24）

表 24　2018 年 G20 各国（地区）传媒服务出口的 TCI 比较

排名	国家/地区	2018 年传媒服务 TCI	排名	国家/地区	2018 年传媒服务 TCI
1	印度	0.7091	3	韩国	-0.0008
2	日本	0.1437	4	加拿大	-0.0971

排名	国家/地区	2018 年传媒服务 TCI	排名	国家/地区	2018 年传媒服务 TCI
5	阿根廷	-0.1701	13	沙特阿拉伯	-0.7175
6	土耳其	-0.2227	14	墨西哥	-0.8971
7	中国	-0.2501	15	法国	—
8	俄罗斯	-0.3555	16	德国	—
9	澳大利亚	-0.3684	17	意大利	—
10	巴西	-0.4844	18	英国	—
11	印度尼西亚	-0.5226	19	美国	—
12	南非	-0.6071	20	欧盟	—

资料来源：根据 UN Comtrade 数据库相关数据计算获得。

注：因为美国、法国、英国、德国、意大利、欧盟 2018 年传媒服务进出口数据缺失，传媒服务 TCI 排名存在一定偏差。

（三）基于 NXRCA 指数的中国传媒产业国际竞争力评价

NXRCA 指数为某一产业出口在该国总出口中的占比与该行业进口在该国总进口中的占比之差。NXRCA 指数剔除了产业内贸易的影响，反映了进口和出口两个方面，因此用该指数判断某产业贸易竞争力更能真实反映进出口情况。NXRCA 指数大于 0 表示具有竞争优势，小于 0 表示具有竞争劣势，等于 0 表示贸易达到自我平衡。当其大于 0 时，数值越高，说明其国际竞争力越强。

1. 中国传媒整体的净出口显示性比较优势指数及 G20 各国（地区）排名

2011～2018 年，中国传媒整体的 NXRCA 值一直为负，说明净出口显示性比较优势长期处于劣势。具体来看，其变动趋势与 TCI 值相一致，2011～2016 年在 -0.01 左右微幅起伏，趋于贸易自我平衡状态。2015 年起，该值连续 3 年下降，在 2017～2018 年断崖式降低，体现出两年间中国传媒整体的比较劣势逐渐凸显。（见表 25、图 11）

表 25 2011～2018 年中国传媒整体 NXRCA 变动

年份	2011	2012	2013	2014	2015	2016	2017	2018
NXRCA	－0.0091	－0.0048	－0.0138	－0.0139	－0.0025	－0.0069	－0.0292	－0.0511

资料来源：根据 UN Comtrade 数据库相关数据计算获得。

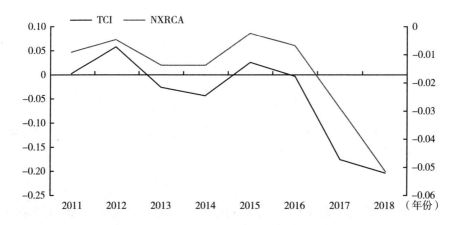

图 11 2011～2018 年中国传媒整体 TCI 与 NXRCA 变动

资料来源：根据 UN Comtrade 数据库相关数据计算获得。

2018 年，G20 国家（地区）中有 15 个国家的 NXRCA＜0，这表明大部分国家的传媒整体上处于劣势地位。其中，中国传媒整体竞争劣势最为显著，为 20 个国家（地区）中 NXRCA 值最低，印度传媒整体竞争优势最为凸显。（见表 26）

表 26 2018 年 G20 各国（地区）传媒整体 NXRCA 比较

排名	国家/地区	2018 年传媒 NXRCA	排名	国家/地区	2018 年传媒 NXRCA
1	印度	0.1197	4	欧盟	0.0016
2	日本	0.0165	5	韩国	0.0002
3	德国	0.0018	6	英国	－0.0001

排名	国家/地区	2018 年传媒 NXRCA	排名	国家/地区	2018 年传媒 NXRCA
7	意大利	− 0.0007	14	印度尼西亚	− 0.0068
8	法国	− 0.0016	15	加拿大	− 0.0072
9	土耳其	− 0.0025	16	俄罗斯	− 0.0115
10	阿根廷	− 0.0030	17	澳大利亚	− 0.0139
11	沙特阿拉伯	− 0.0040	18	巴西	− 0.0139
12	南非	− 0.0053	19	美国	− 0.0172
13	墨西哥	− 0.0057	20	中国	− 0.0511

资料来源：根据 UN Comtrade 数据库相关数据计算获得。

2. 中国传媒产品的净出口显示性比较优势指数及 G20 各国（地区）排名

2011～2018 年，中国传媒产品 NXRCA 值一直为正，且处于（0，0.13）区间，体现了中国传媒产品处于比较优势地位，但竞争优势并不明显。同样，自 2015 年以来，该值一直处于降低态势，说明中国传媒产品的竞争优势在降低。（见表 27、图 12）

表 27　2011～2018 年中国传媒产品 NXRCA 变动

年份	2011	2012	2013	2014	2015	2016	2017	2018
NXRCA	0.0618	0.0908	0.0952	0.0931	0.1277	0.1062	0.0194	0.0169

数据来源：根据 UN Comtrade 数据库相关数据计算获得。

2018 年，G20 各国（地区）中，8 个国家 NXRCA 值为正，其传媒产品出口处于国际竞争比较优势地位，且竞争力较弱。12 个国家 NXRCA 值为负，其传媒产品出口处于比较劣势。（见表 28）

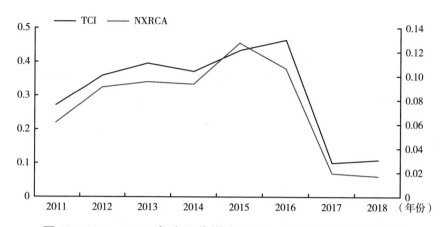

图 12　2011～2018 年中国传媒产品 TCI 与 NXRCA 变动情况

资料来源：根据 UN Comtrade 数据库相关数据计算获得。

表 28　2018 年 G20 各国（地区）的传媒产品 NXRCA 比较

排名	国家/地区	2018 年传媒产品 NXRCA	排名	国家/地区	2018 年传媒产品 NXRCA
1	欧盟	0.0192	11	南非	−0.0029
2	德国	0.0172	12	土耳其	−0.0029
3	中国	0.0169	13	印度尼西亚	−0.0031
4	韩国	0.0143	14	阿根廷	−0.0031
5	加拿大	0.0088	15	法国	−0.0038
6	俄罗斯	0.0056	16	沙特阿拉伯	−0.0049
7	英国	0.0053	17	澳大利亚	−0.0079
8	日本	0.0014	18	印度	−0.0185
9	意大利	−0.0016	19	墨西哥	−0.0210
10	巴西	−0.0022	20	美国	−0.0683

资料来源：根据 UN Comtrade 数据库相关数据计算获得。

3. 中国传媒服务的净出口显示性比较优势指数及 G20 各国（地区）排名

相较之下，2011～2018 年，中国传媒服务 NXRCA 值一直为负，说明中国传媒服务一直处于竞争劣势，且自 2015 年来一直处于下降趋势，则体现这一竞争劣势在逐年增大。（见表 29、图 13）

表 29   2011～2018 年中国传媒服务 NXRCA 变动

年份	2011	2012	2013	2014	2015	2016	2017	2018
NXRCA	-0.0221	-0.0215	-0.0325	-0.0291	-0.0140	-0.0189	-0.0343	-0.0704

资料来源：根据 UN Comtrade 数据库相关数据计算获得。

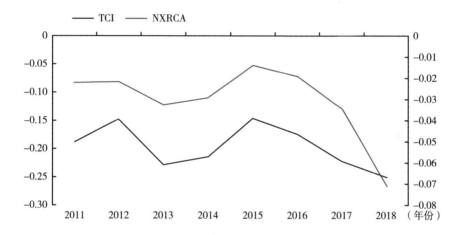

图 13   2011～2018 年中国传媒服务 TCI 与 NXRCA 变动情况

资料来源：根据 UN Comtrade 数据库相关数据计算获得。

2018 年，G20 各国（地区）中，仅印度和日本 NXRCA 为正，表现出一定的国际竞争力，其余国家均为负值。在已知 NXRCA 的 G20 国家（地区）中，中国 NXRCA 最低，体现在国际比较中，中国的传媒服务处于较为明显的劣势地位。与 2014 年相比，印度的传媒服务 NXRCA 指数从 14.0076 断崖式下降至 0.1526，竞争力降低尤为显著。（见表 30）

表 30   2018 年 G20 各国（地区）传媒服务 NXRCA 比较

排名	国家/地区	2018 年传媒服务 NXRCA	排名	国家/地区	2018 年传媒服务 NXRCA
1	印度	0.1526	3	墨西哥	-0.0010
2	日本	0.0177	4	土耳其	-0.0025

排名	国家/地区	2018 年传媒服务 NXRCA	排名	国家/地区	2018 年传媒服务 NXRCA
5	阿根廷	−0.0031	13	巴西	−0.0174
6	沙特阿拉伯	−0.0037	14	中国	−0.0704
7	韩国	−0.0037	15	法国	—
8	南非	−0.0060	16	德国	—
9	印度尼西亚	−0.0080	17	意大利	—
10	加拿大	−0.0114	18	英国	—
11	澳大利亚	−0.0158	19	美国	—
12	俄罗斯	−0.0163	20	欧盟	—

资料来源：根据 UN Comtrade 数据库相关数据计算获得。

注：因为美国、法国、英国、德国、意大利、欧盟 2018 年传媒服务进出口数据缺失，传媒服务 NXRCA 排名存在一定偏差。

七　中国传媒国际竞争力研究总结

本报告按照传媒"产品"与"服务"两大维度，综合使用 TCI 指数、NXRCA 指数等多重指标，从总体上评估中国传媒的国际贸易地位与竞争力。同时，本报告引入国际视野，将中国传媒与 G20 国家（地区）进行比较，以期更为直观、立体地展现中国传媒在国际市场中的优劣势变化态势。总结前文数据，本报告得出以下结论。

1. 中国传媒整体出口规模持续位居世界前列，传媒产品出口规模锐减

从国际比较层面来看，中国传媒产业整体出口规模持续位居世界前列，但 2017 年，我国传媒整体出口规模出现较大幅度下降态势，2018 年度有所回升。从中国传媒产品看，2017 年传媒产品出口规模断崖式降低，规模锐减至 75.59 亿美元。与此同时，从传媒服务看，2011～2018 年中国传媒服务持续增长且增幅显著，2018 年增至

355.84 亿美元。总体来看，中国传媒服务贸易出口规模已远超商品贸易出口规模。2018 年度，中国传媒整体出口规模达 435.86 亿美元，位居 G20 国家中的第五名。

2. 中国传媒贸易逆差逐渐扩大，出口核心竞争力较低

尽管中国传媒规模保持国际市场前列，但 2018 年中国传媒贸易逆差巨大，贸易逆差额高达 221.57 亿美元，贸易差额在 G20 国家（地区）中排在最末位。数据表明，中国传媒进出口失衡较为严重，2017 年中国传媒贸易逆差额从上一年的 2.50 亿美元迅速扩大为 170.75 亿美元，逆差增速高达 6740.74%。传媒产品虽保持贸易顺差，但在 2017 年出现断崖式下降至 13.75 亿美元；传媒服务则持续处于贸易逆差，在 2018 年贸易逆差额扩大为 237.32 亿美元，为 8 年来最大。2015 ~ 2018 年，中国传媒未能扭转逆差态势，体现了中国传媒出口贸易整体处于不利地位，核心竞争力较低。

3. 中国传媒国际竞争劣势未得到有效改善，呈持续下降态势

整体观察中国传媒 TCI 变动情况，2016 年以来中国传媒整体 TCI 始终低于 0，且呈现持续下降趋势。中国传媒产品 TCI 保持在（0.2，0.5）区间范围，总体来看，中国传媒产品具有一定的国际竞争优势，但优势并不明显。中国传媒服务 TCI 一直处于负值，在（-0.3，-0.1）区间起伏。该数据说明，中国传媒服务一直处于国际竞争中的劣势地位，且竞争力呈现明显下降趋势，竞争劣势仍未得到改善。

资 源 篇
Resource Reports

B.2
各国历史文化资源禀赋比较研究报告
（2009～2019）

冯妮 华颖*

摘　要：　根据联合国教科文组织官网上公布的世界遗产数据清单，对世界文化遗产规模及结构进行了统计分析，得出中国世界遗产数量位居前列、中国文化遗产数量具有核心竞争力、世界濒危遗产需要更加完善的管理措施等结论。

关键词：　世界文化遗产　国际竞争力　联合国教科文组织

---

* 冯妮，博士，上海交通大学智能传播研究院研究员；华颖，上海理工大学出版印刷与艺术设计学院新闻传播学专业硕士研究生。

一 引言

截至 2020 年 6 月，距离 1972 年联合国教科文组织颁布《保护世界文化和自然遗产公约》已经过去 48 年。2019 年 7 月，第 43 届世界遗产大会成功召开，据相关数据显示，世界遗产总数已达 1121 项，其中，文化遗产 869 项，自然遗产 213 项，自然与文化双遗产 39 项。[①] 而据统计，从 2009 年到 2019 年十年内，世界遗产总数为 244 项，而其中世界文化遗产总数共计 192 项，约占十年间总遗产数的 79%。[②] 全球化快速发展的今天，人类进入高度发达的文明社会，作为社会历史文化传承载体的世界文化遗产的重要性日渐凸显。随着社会的发展，世界文化遗产也在面临着不同程度的威胁，如何行之有效地保护世界文化遗产的传承与延续，是我们必须思考的问题。此次新冠肺炎疫情突袭而至，也更加警醒我们要进一步加强对世界文化遗产的保护工作。

二 相关概念界定

（一）《世界遗产公约》

为尽最大可能地保证对世界遗产的确认、保护、保存和展示，联合国教育、科学及文化组织成员国于 1972 年通过了《保护世界文化和自然遗产公约》（以下简称《公约》）。《公约》确认了世界遗产委员会和世界遗产基金的建立，二者自 1976 年开始运行。自 1972 年

---

① 郑雪：《濒危世界遗产分布及濒危因素分析》，《国际公关》2020 年第 5 期。
② http://whc. unesco. org/en/list/stat.

《公约》通过以来，国际社会全面接受了"可持续发展"这一概念，而保护、保存自然和文化遗产就是对可持续发展的巨大贡献。《公约》旨在确认、保护、保存以及展示具有突出的普遍价值的文化和自然遗产，并将其代代相传。同时，通过制定遗产列入《世界遗产名录》的标准和条件，以评估遗产是否具有突出的普遍价值。无论是对各国还是对全人类而言，文化和自然遗产都是不可估价且无法替代的财产。这些最珍贵的财富一旦遭受破坏或消失，都将是对世界各族人民遗产的一次浩劫。一些遗产具有独一无二的特性，可以认为其具有"突出的普遍价值"，需对其加以特殊保护，以消除日益威胁遗产安全的各种危险。①

突出的普遍价值是指罕见的、超越国家界限的、对全人类的现在和未来均具有普遍的重要意义的文化和/或自然价值。因此，对某项遗产的永久性保护对整个国际社会都具有至高的重要性，世界遗产委员会规定了遗产列入《世界遗产名录》的标准。②

（二）世界遗产

根据联合国教育、科学及文化组织大会第十七届会议 1972 年 11 月 16 日通过并开放给各国签字、批准和加入的《保护世界文化和自然遗产公约》给出的"文化遗产"的定义，世界文化遗产可分为古迹、建筑群和遗址。古迹是指从历史、艺术或科学的角度来看具有突出的普遍价值的建筑物、碑雕和碑画，具有考古性质的成分或构造物、铭文、窟洞以及景观的联合体。建筑群是指从历史、艺术或科学的角度来看在建筑式样、分布均匀或在与环境结合方面具有突出的普遍价值的单立或连接的建筑群。遗址是指从历史、审美、人种学或人

---

① 转引自 http://www.icomoschina.org.cn。
② 转引自 http://www.icomoschina.org.cn。

类学的角度来看具有突出的普遍价值的人类工程或自然与人的联合工程以及包括有考古地址的区域。"自然遗产"指的是从审美或科学的角度来看具有突出的普遍价值、由物质和生物结构或这类结构群组成的自然景观，从科学或保护的角度来看具有突出的普遍价值的地质和地文结构以及明确划为受到威胁的动物和植物生境区，从科学、保存或自然美的角度来看具有突出的普遍价值的天然名胜或明确划分的自然区域。①

同时《公约》也给文化与自然双重遗产下了定义：其主要是指自然和文化价值相结合的遗产，例如中国的泰山、黄山。世界文化与自然双重遗产（World Heritage-Mixed Property）又名复合遗产或混合遗产，同时具备自然遗产与文化遗产两种属性。在早期复合遗产的登记名单当中，有先被评估为自然遗产或文化遗产，之后又被评价为另一种遗产的，因而被称为复合遗产。例如东格里罗国家公园（新西兰）及里奥阿比塞奥国家公园（秘鲁）最开始被登记为自然遗产，之后又被登记为文化遗产，结果就成了复合遗产。依据世界遗产公约主旨，复合遗产是指兼具自然与文化之美的代表性遗产。②

在当今的时代背景之下，我们必须更加全面地认识和研究世界文化遗产，以全球化的战略眼光加快建立起世界文化遗产的保护机制和治理体系。

（三）数据的来源和统计范围

本研究原始数据全部来自联合国教科文组织官网，目前联合国教科文组织已经公布截至2019年世界遗产的全部数据，其中涉及的英

---

① 转引自 https://www.un.org/zh/documents/treaty/files/whc.shtml。

② 转引自 http://www.gov.cn/test/2006-05/23/content_288352.htm。

文名称翻译可能存在差异性。结合相关论文资料以及官网数据，本研究主要根据联合国教科文组织官网上公布的世界遗产数据清单，统计了共 167 个缔约国自 1978 年至 2019 年的世界遗产数量和类型本研究侧重对文化遗产的分析，详细记录了自 2009 年至 2019 年十年间文化遗产的地区、数量、类型等变化。

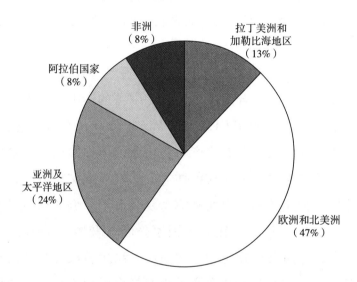

图 1 按地区划分的世界遗产数量占比

注：这里所列的区域是教科文组织为其活动所确定的，不一定反映各国的实际地理位置。

三 世界文化遗产全球规模发展

（一）世界遗产整体规模发展态势

从图 1 可以看到，欧洲和北美洲的世界遗产总数最多，阿拉伯国家及非洲世界遗产总数最少，亚洲及太平洋地区、拉丁美洲和加勒比海地区的世界遗产总数量分列第二、三位。从图 2 可以看到，无论是哪个地区，文化遗产的总数量都是排在三类遗产总数量的第一位，占据较大份额。

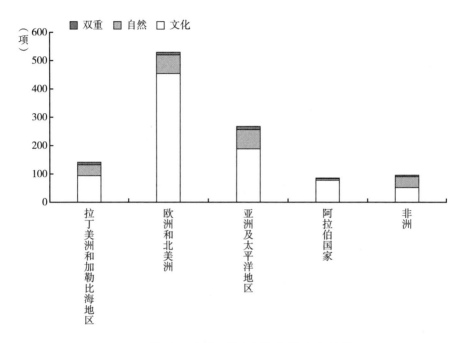

图2 按地区和类型划分的世界遗产数量

从图3中可以看出，每年的遗产登记总数呈现交替式变化，既有增加的年份，也有减少的年份。如1999年到2001年这三年间，遗产登记总数增幅较大。这说明自1972年《保护世界文化和自然遗产公约》颁布后，随着各项遗产保护政策和管理制度的逐步完善，联合国教科文组织的全球世界遗产登记工作取得了巨大进步。

图4到图8统计了五大区域（根据联合国教科文组织官网的区域分类）每年登记的世界遗产数量以及各区域文化遗产、自然遗产和双重混合遗产这三大类每年记入世界遗产的增长数量。

通过对以上图表分析可知，五大区域每年登记入世界遗产的数量

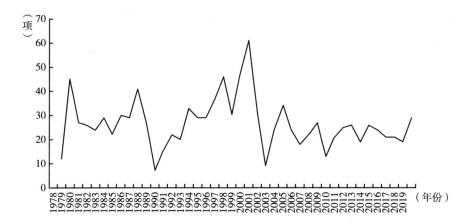

图3　每年登记的世界遗产数量

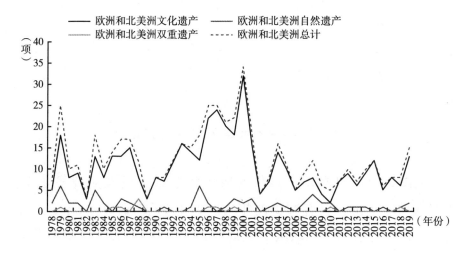

图4　每年按区域划分的世界遗产登记数量：欧洲和北美洲

有增有减，呈现上下波动的趋势，文化遗产增加的数量多于自然遗产，双重遗产数量增加最少。对以上数据进行进一步分析，得到图9和图10。从图9可以看出，每年登记的遗产类型中，自然遗产总数超过文化遗产，与登记的遗产总数拥有较为相似的波峰和波谷，也就是说呈现相似的数据增减幅度。文化遗产虽然每年增加的数目超过自

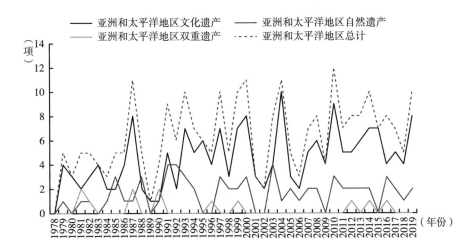

图5　每年按区域划分的世界遗产登记数量：亚洲及太平洋地区

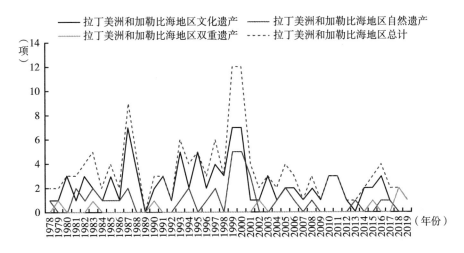

图6　每年按区域划分的世界遗产登记数量：拉丁美洲和加勒比海地区

　　然遗产，但是在总数量上，自然遗产还是占据绝对优势。双重混合遗产数量最少，并且呈现微弱的起伏变化，表明双重混合遗产的申报、管理还有很大的进步空间。

　　从图10可以看出按照森林、海洋和沿海、城市、文化景观这四

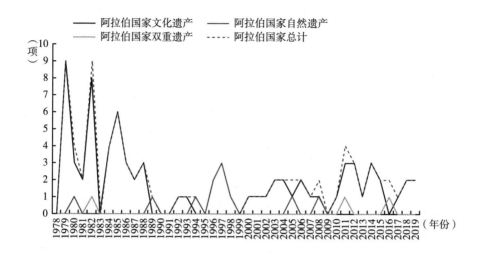

图7 每年按区域划分的世界遗产登记数量：阿拉伯国家

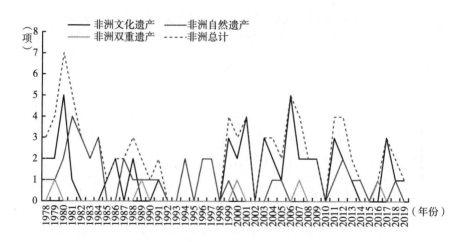

图8 每年按区域划分的世界遗产登记数量：非洲

种主题登记的世界遗产数量，在 2002 年以前，城市类型世界遗产数量占据绝对优势。自 2002 年开始，文化景观类型的世界遗产数量逐渐增多，甚至超过了城市类型世界遗产数量。森林、海洋和沿海类型世界遗产数量则保持相对平缓的增长。

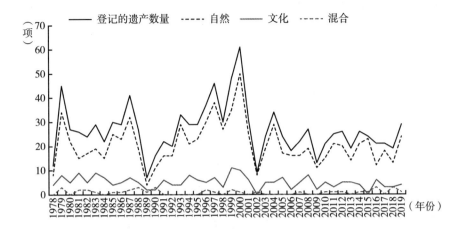

图9　每年列入世界遗产的数目：文化、自然、混合

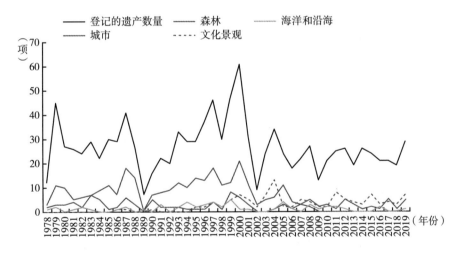

图10　每年按主题登记的世界遗产数目

　　图11和图12记录了世界濒危遗产的数据情况，从年份和区域两个维度进行数量统计。从图11中可以看出，世界濒危遗产总数量总体来说呈现增长趋势，在1992年、1996年、1997年、2003年、2013年和2016年这几年有多处世界遗产被列入濒危名单。总的来说，从

濒危名录中被移除的世界遗产数量较少，对世界濒危遗产的保护与管理需要长远规划。一旦被列入濒危遗产，再从濒危名单中移除就很难。

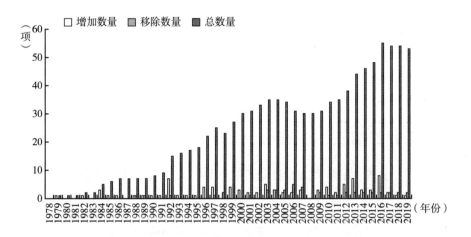

图11 世界濒危遗产名录：增加、移除、总数

从图12可以很清晰地看到阿拉伯国家的世界濒危遗产占据了最大份额，多处登记的世界遗产被列入濒危名单。相对来说，欧洲和北美地区的濒危遗产数量最少，亚洲及太平洋地区、拉丁美洲和加勒比海地区的世界濒危遗产数量比较接近。

从图13按照类型划分的世界濒危遗产数量占比可以直观地看到，双重混合遗产目前还没有被记入濒危遗产名单，文化遗产被记入世界濒危遗产名单的数量远超自然遗产。

（二）世界遗产十年发展态势

本研究根据2009年到2019年的数据，整理和统计了近十年登记的世界遗产名录（见图14）。对以下数据进行统计分析，记录的遗产总数达到了244项，其中文化遗产192项，自然遗产40项，双重混合遗产12项，可以看到这十年间的文化遗产总数在大幅度增加。

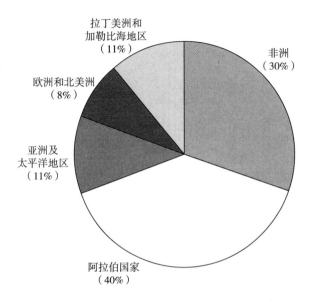

图 12　世界濒危遗产数量占比：地区划分

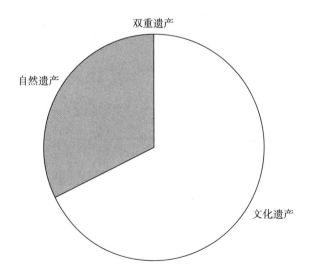

图 13　世界濒危遗产数量占比：类型划分

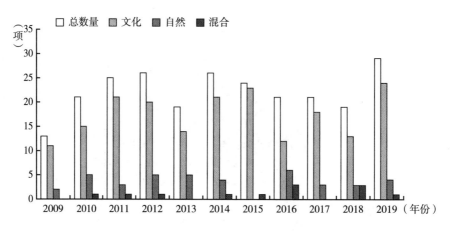

图14 2009~2019年世界遗产数量

（三）中国文化遗产发展态势

通过对各缔约国登记的世界遗产数量进行统计，并进行降序排列，我们得到表1。通过下表可以看出，世界遗产总数排在前五的国家分别是：中国、意大利、西班牙、德国和法国。中国的世界遗产总数与意大利并列首位。

表1 各缔约国世界遗产数量

单位：项

各缔约国（167）登记的世界遗产数量	
缔约国	登记的遗产数量
中国	55
意大利	55
西班牙	48
德国	46
法国	45
印度	38
墨西哥	35

续表

| 各缔约国(167)登记的世界遗产数量 ||
缔约国	登记的遗产数量
英国	32
俄罗斯	29
伊朗	24
美国	24
日本	23
巴西	22
加拿大	20
澳大利亚	20
希腊	18
土耳其	18
葡萄牙	17
波兰	16
瑞典	15
捷克	14
韩国	14
比利时	13
瑞士	12
秘鲁	12
阿根廷	11
南非	10
克罗地亚	10
荷兰	10
丹麦	10
保加利亚	10
奥地利	10
印度尼西亚	9
以色列	9
摩洛哥	9
古巴	9

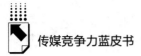

各缔约国（167）登记的世界遗产数量

缔约国	登记的遗产数量
哥伦比亚	9
埃塞俄比亚	9
越南	8
匈牙利	8
突尼斯	8
斯里兰卡	8
挪威	8
罗马尼亚	8
乌克兰	7
坦桑尼亚	7
斯洛伐克	7
塞内加尔	7
肯尼亚	7
芬兰	7
玻利维亚	7
埃及	7
阿尔及利亚	7
智利	6
伊拉克	6
菲律宾	6
巴基斯坦	6
叙利亚	6
约旦	5
乌兹别克斯坦	5
泰国	5
沙特阿拉伯	5
塞尔维亚	5
蒙古国	5
利比亚	5

各缔约国（167）登记的世界遗产数量	
缔约国	登记的遗产数量
黎巴嫩	5
津巴布韦	5
哈萨克斯坦	5
刚果民主共和国	5
厄瓜多尔	5
巴拿马	5
阿曼	5
也门	4
斯洛文尼亚	4
尼泊尔	4
马里	4
马来西亚	4
立陶宛	4
科特迪瓦	4
黑山	4
哥斯达黎加	4
白俄罗斯	4
阿尔巴尼亚	4
亚美尼亚	3
新西兰	3
乌干达	3
委内瑞拉	3
危地马拉	3
土库曼斯坦	3
苏丹	3
塞浦路斯	3
格鲁吉亚	3
尼日尔	3
孟加拉国	3

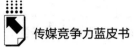

各缔约国（167）登记的世界遗产数量

缔约国	登记的遗产数量
马耳他	3
马达加斯加	3
老挝	3
柬埔寨	3
吉尔吉斯斯坦	3
布吉纳法索	3
波斯尼亚和黑塞哥维那	3
冰岛	3
巴林	3
巴勒斯坦	3
阿塞拜疆	3
中非共和国	2
乍得	2
乌拉圭	2
塔吉克斯坦	2
苏里南	2
塞舌尔	2
尼日利亚	2
尼加拉瓜	2
纳米比亚	2
缅甸	2
毛里塔尼亚	2
毛里求斯	2
马拉维	2
拉脱维亚	2
喀麦隆	2
梵蒂冈	2
加纳	2
洪都拉斯	2

各缔约国（167）登记的世界遗产数量	
缔约国	登记的遗产数量
冈比亚	2
朝鲜	2
博茨瓦纳	2
贝宁	2
爱沙尼亚	2
爱尔兰	2
阿富汗	2
赞比亚	1
牙买加	1
新加坡	1
瓦努阿图	1
所罗门群岛	1
圣马力诺	1
圣卢西亚岛	1
圣基茨和尼维斯	1
萨尔瓦多	1
帕劳	1
莫桑比克	1
摩尔多瓦	1
密克罗尼西亚	1
马绍尔群岛	1
卢森堡	1
莱索托	1
卡塔尔	1
加蓬	1
几内亚	1
基里巴斯	1
海地	1
刚果共和国	1

各缔约国（167）登记的世界遗产数量	
缔约国	登记的遗产数量
佛得角	1
斐济	1
厄立特里亚	1
多米尼克	1
多米尼加	1
多哥	1
伯利兹	1
北马其顿	1
巴拉圭	1
巴布亚新几内亚	1
巴巴多斯	1
安提瓜岛和巴布达	1
安哥拉	1
安道尔	1
阿拉伯联合酋长国	1

通过对中国世界遗产总数单独分析，我们得出表2。从表2可以看到中国文化遗产为37项，自然遗产为14项，双重遗产为4项。

表2　中国世界遗产名录

单位：项

中国世界遗产名录	
类别	名称
文化遗产（37）	长城（黑龙江、吉林、辽宁、河北、天津、北京、山东、河南、山西、陕西、甘肃、宁夏、青海、内蒙古、新疆，1987.12 世界文化遗产）
	莫高窟（甘肃，1987.12 世界文化遗产）
	明清故宫（北京故宫，北京，1987.12；沈阳故宫，辽宁，2004.7.1 世界文化遗产）
	秦始皇陵及兵马俑坑（陕西，1987.12 世界文化遗产）

中国世界遗产名录

类别	名称
文化遗产（37）	周口店北京人遗址（北京,1987.12 世界文化遗产）
	拉萨布达拉宫历史建筑群（大昭寺、罗布林卡）（西藏,1994.12 世界文化遗产）
	承德避暑山庄及其周围寺庙（河北,1994.12 世界文化遗产）
	曲阜孔庙、孔林和孔府（山东,1994.12 世界文化遗产）
	武当山古建筑群（湖北,1994.12 世界文化遗产）
	庐山风景名胜区（江西,1996.12.6 世界文化景观）
	丽江古城（云南,1997.12 世界文化遗产）
	平遥古城（山西,1997.12 世界文化遗产）
	苏州古典园林（江苏,1997.12 世界文化遗产）
	北京皇家祭坛——天坛（北京,1998.11 世界文化遗产）
	北京皇家园林——颐和园（北京,1998.11 世界文化遗产）
	大足石刻（重庆,1999.12 世界文化遗产）
	龙门石窟（河南,2000.11 世界文化遗产）
	明清皇家陵寝[明显陵（湖北）、清东陵（河北）、清西陵（河北）,2000.11;明孝陵（江苏）、明十三陵（北京）,2003.7;盛京三陵（辽宁）,2004.7 世界文化遗产]
	青城山—都江堰（四川,2000.11 世界文化遗产）
	皖南古村落——西递、宏村（安徽,2000.11 世界文化遗产）
	云冈石窟（山西,2001.12 世界文化遗产）
	高句丽王城、王陵及贵族墓葬（吉林、辽宁,2004.7.1 世界文化遗产）
	澳门历史城区（澳门,2005.7.15 世界文化遗产）
	安阳殷墟（河南,2006.7.13 世界文化遗产）
	开平碉楼与村落（广东,2007.6.28 世界文化遗产）
	福建土楼（福建,2008.7.7 世界文化遗产）
	五台山（山西,2009.6.26 世界文化遗产）
	登封"天地之中"历史古迹（河南,2010.8.1 世界文化遗产）
	杭州西湖文化景观（浙江,2011.6.24 世界文化遗产）
	元上都遗址（内蒙古,2012.6.29 世界文化遗产）

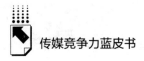
续表

中国世界遗产名录

类别	名称
文化遗产 (37)	红河哈尼梯田文化景观(云南,2013.6.22 世界文化遗产)
	大运河(北京、天津、河北、山东、河南、安徽、江苏、浙江,2014.6.22 世界文化遗产)
	丝绸之路:长安—天山廊道的路网(河南、陕西、甘肃、新疆,2014.6.22 世界文化遗产)
	土司遗址(湖南、湖北、贵州,2015.7.4 世界文化遗产)
	左江花山岩画文化景观(广西,2016.7.15 世界文化遗产)
	鼓浪屿:历史国际社区(福建,2017.7.8 世界文化遗产)
	良渚古城遗址(浙江,2019.7.6 世界文化遗产)
双重遗产 (4)	泰山(山东,1987.12 世界文化与自然双重遗产)
	黄山(安徽,1990.12 世界文化与自然双重遗产)
	峨眉山—乐山大佛(四川,1996.12 世界文化与自然双重遗产)
	武夷山(福建,1999.12;江西,2017.7.9 世界文化与自然双重遗产)
自然遗产 (14)	黄龙风景名胜区(四川,1992.12.7 世界自然遗产)
	九寨沟风景名胜区(四川,1992.12.7 世界自然遗产)
	武陵源风景名胜区(湖南,1992.12.7 世界自然遗产)
	云南三江并流保护区(云南,2003.7.2 世界自然遗产)
	四川大熊猫栖息地(四川,2006.7.12 世界自然遗产)
	中国南方喀斯特(云南、贵州、重庆、广西,2007.6.27 一期;2014.6.23 二期 世界自然遗产)
	三清山世界地质公园(江西,2008.7.8 世界自然遗产)
	中国丹霞(贵州、福建、湖南、广东、江西、浙江,2010.8.1 世界自然遗产)
	澄江化石遗址(云南,2012.7.1 世界自然遗产)
	新疆天山(新疆,2013.6.21 世界自然遗产)
	湖北神农架(湖北,2016.7.17 世界自然遗产)
	青海可可西里(青海,2017.7.7 世界自然遗产)
	梵净山(贵州,2018.7.2 世界自然遗产)
	中国黄(渤)海候鸟栖息地(第一期)(江苏,2019.7.5 世界自然遗产)

（四）世界文化遗产的研究总结

1. 中国世界遗产数量位居前列

截至今日，根据联合国教科文组织公布的数据，中国世界遗产数量已经位居世界首位，与意大利并列，一共有55项被列入世界遗产名单。中国于1985年加入《保护世界文化和自然遗产公约》，通过各方努力，不断地完善、提升申遗工作的管理制度，努力将灿烂的中华古老文明完整地保存和记录下来。

2. 中国文化遗产数量具有核心竞争力

中国是具有深厚文化底蕴和历史传统的文明古国。伴随着世界遗产申报工作中文化遗产数量比例的上升，中国文化遗产资源丰富的优势不断凸显。目前，中国已拥有37项文化遗产。未来，随着世界对中国文化认知程度的提升，中国文化遗产必将更多地为世界所发觉。

3. 世界濒危遗产需要更加完善的管理措施

从联合国教科文组织最新公布的名单统计我们可以看到，世界濒危遗产共有53项，其中文化遗产36项，占濒危遗产总数的68%。文化遗产是人类的财宝，各族人民需要共同承担起保护世界文化遗产的责任。在各种地质灾害以及人为因素的影响下，世界文化遗产面临诸多挑战，每年增加的濒危世界遗产名单为我们敲响了警钟。无论是自然、人为还是其他因素，都要求我们加快落实对世界文化遗产的保护政策，以便更好地保护世界文化遗产，更好地保护全人类的文明瑰宝。

B.3
各国艺术竞争优势比较研究报告
（2009 ~ 2018）

刘强　赵茜*

摘　要： 按照联合国商品贸易统计数据库 HS07 产品统计分类标准，本报告对各国视觉艺术和表演艺术产品的国际贸易情况进行了统计分析，得出中国艺术出口规模居世界前列、中国表演艺术产品国际输出优势显著、中国艺术产品国际输出结构失衡等结论。

关键词： 艺术产品　视觉艺术　表演艺术　国际竞争力

一　数据标准与来源

各国艺术产品按照 HS07 产品统计分类标准，主要研究视觉艺术和表演艺术两类产品进入国际市场之后的发展情况，具体产品代码见表 1、表 2，原始数据主要来源于联合国商品贸易统计数据库（United Nations Comtrade Database），两类贸易数据均根据该数据汇总计算得来。

根据《中国传媒国际竞争力研究报告（2017）》，从各国 2014 年

* 刘强，上海理工大学出版印刷与艺术设计学院教授；赵茜，上海理工大学出版印刷与艺术设计学院新闻传播学专业硕士研究生。

传媒的出口规模来看，中国传媒位居世界前列（见表3）。因此，本报告采集中国等9个世界视觉艺术和表演艺术出口大国的贸易数据进行比较研究。由于 UN Comtrade 对各国的更新进度不同，研究覆盖2009～2018年近十年的数据。

表1　研究的产品统计类别

大类	小类	产品 HS07 代码
视觉艺术	古董	970400,970500,970600
	绘画	970110,970190,970200
	摄影	370510,370590,491191
	雕塑	392640,442010,691310,691390,830621,830629,970300
表演艺术	乐器	830610, 920110, 920120, 920190, 920210, 920290, 920510, 920590,920600,920710,920790,920810,920890
	唱片	490400

资料来源：根据 United Nations Comtrade Database 统计标准整理。

表2　研究的产品类别说明

产品代码	产品类别说明
CER008	视觉艺术
CER030	古董
970400	已用/未用的邮票/收入邮票、邮票邮戳、首日封、邮政信纸(已盖销的纸张)及类似物品,但49.07款除外
970500	动物/植物/矿物学/解剖学/历史/考古学/古生物学/人类学/钱币收藏
970600	有百年历史的古董
CER031	绘画
970110	完全由手工绘制的油画、素描和粉彩(不包括49.06的素描和手绘/手工装饰的制成品)
970190	拼贴和类似的装饰板
970200	原始版画、版画和石版画
CER032	摄影

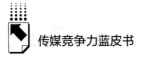
续表

产品代码	产品类别说明
370510	胶印复制用的感光底片和胶卷(不包括电影胶片)
370590	曝光及冲洗的照相底片及胶卷,电影胶片除外(不包括3705.10)
491191	图片、设计和照片
CER033	雕塑
392640	塑料及其他材料(39.01~39.14)制作的雕像及其他装饰品
442010	木制的雕像及其他装饰品
691310	瓷制作的雕像及其他陶瓷装饰品
691390	雕像及其他陶瓷装饰品(不包括瓷器)
830621	镀金的雕像及其他装饰品
830629	贱金属制雕像及其他装饰品(不包括8306.21)
970300	任何材料制作的原创雕塑和雕塑
CER006	表演艺术
CER025	乐器
830610	钟、锣等不用电的金属乐器
920110	立式钢琴,包括自动钢琴
920120	三角钢琴,包括自动钢琴
920190	键琴和其他键盘弦乐器(不包括钢琴)
920210	用弓演奏的弦乐器(如小提琴、大提琴)
920290	弦乐器(如吉他、竖琴)
920510	铜管乐器(例如小号、长号)
920590	其他管乐器(如单簧管、小号、风笛),而不是铜管乐器
920600	打击乐器(如鼓、木琴、钹、响板、沙球)
920710	声音必须通过电放大的键盘乐器(不包括手风琴)
920790	键盘乐器以外的声音必须通过电放大的乐器
920810	音乐盒
920890	集市风琴、机械街道风琴、机械唱歌鸟、音乐锯,其他不在本类别其他标题之内的音乐器具
CER026	唱片
490400	装订或未装订的音乐原稿

表3 世界各国 2014 年传媒出口规模排名

单位：美元

排名	国家	规模
1	美国	163813179076
2	印度	76338997267
3	荷兰	74497368428
4	爱尔兰	72029885372
5	德国	56527541010
6	英国	51508695884
7	日本	43692141761
8	法国	39295892853
9	中国	36322186332

资料来源：《中国传媒国际竞争力研究报告（2017）》。

二 总体态势

（一）中国艺术产品整体出口规模发展态势

1. 总体出口规模

从表4的数据可以看出，中国艺术总体出口值在 10 年间整体呈现出增长趋势，2010～2012 年始终保持高速增长，年增速保持在 30% 以上。2012 年增速达到近十年最高值，高达 56.47%。2013 年艺术出口总规模达近十年最高值，出口总额增至约 136.28 亿美元，而 2014 年开始增速放缓，出口总额也呈下降趋势，2017 年逐渐趋于稳定。2018 年经历四年负增长后首次出现正增长，增长速度达 11.76%，出口总额约 90.71 亿美元。

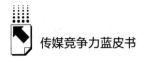

表4 中国艺术产品整体出口规模年度变化情况

单位：美元，%

年份	输出规模	年增速
2009	4685897661	—
2010	6301564081	34.48
2011	8662650460	37.47
2012	13554514306	56.47
2013	13627971040	0.54
2014	10606538496	−22.17
2015	10306665715	−2.83
2016	8201284445	−20.43
2017	8116421414	−1.03
2018	9070820369	11.76

注：艺术产品整体出口规模为视觉艺术和表演艺术产品出口规模之和。
资料来源：UN Comtrade。

2. 艺术产品整体出口规模的世界比较

从2018年世界各国艺术产品的出口规模相关数据可以看出，中国位居世界前列，凭借约90.71亿美元的出口规模在9个传媒大国之中位居第二。美国以约154.29亿美元位居全球第一，英国位列第三，出口规模约74.76亿美元。艺术品出口规模前三名的国家分别来自美洲、亚洲、欧洲。整体上来看，各国之间艺术品出口规模的差距还是非常大的（见表5）。

表5 世界各国2018年艺术产品出口规模排名

单位：美元

排名	国家	规模
1	美国	15429114537
2	中国	9070820369
3	英国	7475952762

排名	国家	规模
4	德国	2174482865
5	法国	1854333985
6	日本	1004816449
7	荷兰	721811379
8	印度	173256340
9	爱尔兰	35257832

资料来源：UN Comtrade。

（二）视觉艺术产品的贸易输出发展态势

1. 出口规模

由表6数据可以看出，中国视觉艺术产品出口规模整体上呈现增长趋势，在10年间由2009年的约36.05亿美元增长到了2018年的约76.11亿美元。其中2010年、2011年和2012年同比增长分别为39.00%、44.22%和66.40%，增长迅猛。2014年下降25.26%，但输出规模仍高达约90.81亿美元。2014～2017年出口规模持续降低，增速下滑，但2018年开始出现了显著增长，发展趋势向好。虽然出口规模在10年内存在一定的起伏，但从增长规模层面看，中国视觉艺术产品的贸易输出取得了较大的成就。

表6 中国视觉艺术产品的贸易输出规模年度变化情况

单位：美元，%

年份	输出规模	年增速
2009	3604806898	—
2010	5010611241	39.00
2011	7226265672	44.22

续表

年份	输出规模	年增速
2012	12024810247	66.40
2013	12148928418	1.03
2014	9080668586	-25.26
2015	8804915262	-3.04
2016	6827562296	-22.46
2017	6759633627	-0.99
2018	7610984778	12.59

资料来源：UN Comtrade。

2. 中国视觉艺术产品出口规模的世界排名

从近十年视觉艺术产品出口规模的世界排名来看，中国视觉艺术产品输出规模一直保持在前三名以内（见表7）。总的来说，中国视觉艺术产品具有一定的国际竞争优势。2009年，虽然中国的视觉艺术产品输出在九国当中排名第二，绝对值却仅为美国的一半左右。2009～2013年，中国的视觉艺术产品增速非常迅猛，甚至一度超过美国，跃居榜首。然而，自2014年起，中美两国视觉艺术产品的差距又逐渐被拉大。2018年我国视觉艺术产品终于迎来了久违的正增长。

表7　中国视觉艺术产品出口规模排名年度变化情况

单位：美元

年份	第1名	输出规模	中国输出规模	中国排名
2009	美国	6937639833	3604806898	2
2010	美国	6916837995	5010611241	3
2011	美国	7432141286	7226265672	2
2012	中国	12024810247	12024810247	1
2013	中国	12148928418	12148928418	1

年份	第1名	输出规模	中国输出规模	中国排名
2014	美国	10758324811	9080668586	2
2015	美国	11704484939	8804915262	3
2016	美国	11949468865	6827562296	3
2017	美国	12054145034	6759633627	2
2018	美国	14892892966	7610984778	2

资料来源：UN Comtrade。

从2018年各国视觉艺术产品的出口规模相关数据来看，中国视觉艺术产品以约76.11亿美元的出口规模位居全球第二。美国的视觉艺术产品出口规模以约148.93亿美元位居全球第一，英国则以约73.34亿美元的出口规模紧随我国之后，位居第三（见表8）。美国视觉艺术产品占据巨大优势，其出口规模超过我国72亿美元之多，近乎我国视觉艺术产品出口规模的2倍，这也说明我国在视觉艺术产品出口上还有非常广阔的发展空间。同时，从整体上来看，各国视觉艺术发展不平衡，尤其是其他国家与美、中、英前三名之间的差距非常显著。

表8　世界各国2018年视觉艺术产品出口规模排名

单位：美元

排名	国家	规模
1	美国	14892892966
2	中国	7610984778
3	英国	7333529252
4	法国	1625150716
5	德国	1567087559
6	荷兰	485071337
7	日本	460014418
8	印度	160849350
9	爱尔兰	32687562

资料来源：UN Comtrade。

3. 中国视觉艺术产品的出口结构

在中国视觉艺术产品的出口结构当中，雕塑类产品占据着绝对的优势，比重超过了90%，在2009~2018年十年间其比重总体呈下降趋势。其他三类产品的比重总体来看都有小幅度升高，其中摄影产品的比重自2013年开始保持着稳步增长的态势。截至2018年，摄影产品在视觉艺术产品中的比重已经从2009年的1.37%上升至4.26%。十年间，古董产品的比重由0.12%上升至0.32%，绘画产品的比重由1.20%上升至2.16%（见表9）。从总体上看，四种视觉艺术类产品的出口规模比重相对保持稳定，但也存在着一定的起伏。

表9　中国视觉艺术产品出口结构年度变化情况

单位：%

年份	古董比重	绘画比重	摄影比重	雕塑比重
2009	0.12	1.20	1.37	97.31
2010	0.16	1.92	1.33	96.59
2011	0.04	3.01	1.21	95.74
2012	0.05	2.11	0.85	96.99
2013	0.23	3.95	1.32	94.50
2014	0.29	3.82	1.79	94.09
2015	0.77	5.08	2.21	91.94
2016	0.50	2.32	3.11	94.07
2017	0.19	1.61	3.50	94.70
2018	0.32	2.16	4.26	93.26

资料来源：UN Comtrade。

从2018年各国视觉艺术产品的出口结构数据可以看出，我国视觉艺术产品明显呈现出过度依赖雕塑产品的情况，尤其是绘画产品的比重显著低于其他国家（见表10）。比如，美国绘画产品输出占视觉艺术产品输出的76.99%，而我国绘画产品比重仅为2.16%。各国的摄影产品在视觉艺术产品中的比重普遍不高，大多低于 5%。爱尔兰的古董产品在其视觉艺术产品出口中的比重最高，达到 43.89%。与其他地区相比，古董产品国际输出比重较高的国家集中在欧洲。

表 10　2018 年视觉艺术产品的各国贸易输出结构情况

单位：%

国家	古董产品比重	绘画产品比重	摄影产品比重	雕塑产品比重
美国	7.74	76.99	1.46	13.81
中国	0.32	2.16	4.26	93.26
英国	17.87	66.15	1.03	14.94
德国	13.56	37.09	11.38	37.97
法国	19.88	52.76	5.95	21.41
日本	4.11	69.07	3.19	23.64
荷兰	10.72	15.03	9.40	64.84
印度	26.95	52.88	2.89	17.27
爱尔兰	43.89	30.89	1.71	23.51

资料来源：UN Comtrade。

（三）表演艺术产品输出国际市场的发展态势

1. 出口规模

由表 11 可见，中国表演艺术产品的出口规模呈现出波动增长的趋势，在十年间由 2009 年的约 10.81 亿美元增长到 2018 年的约 14.60 亿美元。其中 2010 年和 2011 年增长较快，分别增长了 19.41% 和 11.27%。2012 年有 6.50% 的增长，而且达到了十年来最高的输出规模。2013 年，表演艺术产品出口规模首次出现下降，2014 年很快扭转颓势转为增长。但 2015～2017 年连续三年年增长为负，直至 2018 年，表演艺术产品出口重现活力，输出规模出现正增长，总额达到 14.60 亿美元。

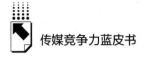
表 11　中国表演艺术产品的贸易输出规模年度变化情况

单位：美元，%

年份	输出规模	年增速
2009	1081090763	—
2010	1290952840	19.41
2011	1436384788	11.27
2012	1529704059	6.50
2013	1479042622	-3.31
2014	1525869910	3.17
2015	1501750453	-1.58
2016	1373722149	-8.53
2017	1356787787	-1.23
2018	1459835591	7.59

资料来源：UN Comtrade。

2. 中国表演艺术产品出口规模的世界排名

从近十年表演艺术产品出口规模的世界排名来看，中国表演艺术产品输出规模一直保持在第一名，而且始终遥遥领先，可以说具有绝对的国际竞争优势。但从十年间第二名位置由日本变为美国，美国又被德国超越的频繁变更中可以看出，表演艺术产品的国际市场竞争也相当激烈（见表12）。

表 12　中国表演艺术产品出口规模排名年度变化情况

单位：美元

年份	第 2 名	输出规模	中国输出规模	中国排名
2009	日本	508413842	1081090763	1
2010	日本	575661085	1290952840	1
2011	日本	613310155	1436384788	1
2012	美国	636361118	1529704059	1

年份	第2名	输出规模	中国输出规模	中国排名
2013	美国	612458818	1479042622	1
2014	美国	608194150	1525869910	1
2015	美国	568867221	1501750453	1
2016	美国	586958291	1373722149	1
2017	德国	560070265	1356787787	1
2018	德国	607395306	1459835591	1

资料来源：UN Comtrade。

从2018年九国表演艺术产品的出口规模数据来看，中国表演艺术产品以约14.60亿美元的出口规模位居全球第一，德国以约6.07亿美元位居全球第二，日本以约5.45亿美元位居第三。美国紧随其后，以约5.36亿美元位居第四。总体而言，中国表演艺术产品的优势巨大，出口规模超过第二名德国1倍多，是美国表演艺术产品出口规模的近3倍（见表13）。

表13　世界各国2018年表演艺术产品出口规模排名

单位：美元

排名	国家	规模
1	中国	1459835591
2	德国	607395306
3	日本	544802031
4	美国	536221571
5	荷兰	236740042
6	法国	229183269
7	英国	142423510
8	印度	12406990
9	爱尔兰	2570270

资料来源：UN Comtrade。

3. 中国表演艺术产品的出口结构

按照 HS07 产品统计分类标准，表演艺术类产品主要包括乐器和唱片两大类。目前表演艺术类产品中，以乐器出口为主，比例高达 99.9%。而在与传媒直接相关的音像产品中，中国唱片的输出规模非常小，比重还不到 0.1%（见表 14）。而且，近十年来，表演艺术产品的出口结构并无显著的变化，始终保持着高度失衡的状态。可见，在传媒领域，我国同样面临着"中国制造"向"中国智造"的艰难转型。

表14　中国表演艺术产品出口结构年度变化情况

单位：%

年份	乐器比重	唱片比重
2009	99.98	0.02
2010	99.93	0.07
2011	99.96	0.04
2012	99.98	0.02
2013	99.98	0.02
2014	99.95	0.05
2015	99.99	0.01
2016	99.99	0.01
2017	99.98	0.02
2018	99.96	0.04

资料来源：UN Comtrade。

从 2018 年各国表演艺术产品出口结构来看，各国表演艺术产品的国际输出主要依靠乐器类产品，唱片出口比重几乎均低于表演艺术产品出口总值的 5%。唱片比重相对较高的国家分别是英国、荷兰、德国、美国，其中英国的唱片出口比重相对突出，在其表演艺术类产品中的出口比重达到了 14.34%（见表 15）。由此可见，虽然我国表演艺术产品的国际输出规模遥遥领先，但在输出结构上还有极大的调整空间。

表 15　2018 年表演艺术产品的各国贸易输出结构

单位：%

国家	乐器比重	唱片比重
中国	99.96	0.04
德国	95.40	4.60
日本	99.36	0.64
美国	96.42	3.58
荷兰	92.12	7.88
法国	99.13	0.87
英国	85.66	14.34
印度	100.00	0.00
爱尔兰	99.93	0.07

资料来源：UN Comtrade。

三　中国艺术产品的研究总结

根据以上中国艺术产品出口规模、世界排名、出口结构等多方面的数据，我们可以得出以下结论。

（一）中国艺术产品出口规模居世界前列

从规模层面看，无论是中国视觉艺术产品还是中国表演艺术产品，出口规模均排在了世界前列。而且 2018 年两类产品都在经历了一段负增长后迎来新一轮的正增长，中国艺术产品整体增长速度达 11.76%，出口总额增长约 90.71 亿美元。其中视觉艺术产品出口规模约 76.11 亿美元，仅次于美国位居全球第二。表演艺术产品出口总

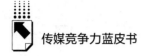

额约 14. 60 亿美元，不仅蝉联十年全球第一，而且出口规模一直是第二名的两倍之多，在国际市场中占据绝对优势。

（二）中国表演艺术产品国际输出优势显著

中国表演艺术产品输出规模在 2009～2018 年十年间虽然有所起伏，但始终保持在九个传媒大国之首。从 2018 年九国表演艺术产品的出口规模来看，中国表演艺术产品凭借约 14. 60 亿美元的出口规模位居全球第一位，而且出口规模超过第二名德国 1 倍多，近乎美国表演艺术产品出口规模的 3 倍。可见中国表演艺术类产品整体上具有绝对的国际竞争优势。

（三）中国艺术产品国际输出结构失衡

在中国视觉艺术产品的出口结构当中，雕塑类产品占据着绝对的优势，比重超过了 90%。2009～2012 年占比甚至持续高达 95%，而古董、绘画和摄影三类产品的输出规模之和还不到视觉艺术类产品总和的 10%。目前表演艺术产品中，以乐器出口为主，比例高达99.9%。而在与传媒直接相关的音像产品中，中国唱片的输出规模则非常小，比重还不足 0. 1%。考虑到乐器类别下的产品种类明显多于唱片类别下的产品，乐器出口比重较高情有可原。但是，从各国的输出结构对比中可以明显看出，我国艺术产品输出以加工制造类产品为主，而绘画、唱片这类具有典型的"高固定成本，低边际成本"特点的产品发展相对滞后。

产 品 篇

Research on Chinese Cultural Products

B.4
视听产品国际竞争力研究报告

刘 强　邢丽娜*

摘　要：　依据 UNCTAD 产业分类标准，本报告主要研究视听产品的国际竞争力，原始数据主要来源于 UNCTAD 创意经济数据库，视听产品的贸易数据均根据 UNCTAD 数据汇总计算获得。研究发现中国视听产品出口总量不断下降、中国视听产品贸易逆差形势严峻、中国视听产品国际竞争力处于劣势。

关键词：　视听产品　国际竞争力　创意经济

---

* 刘强，上海理工大学出版印刷与艺术设计学院教授；邢丽娜，上海理工大学出版印刷与艺术设计学院新闻传播学专业硕士研究生。

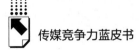

视听产品范围取自 UNCTAD 创意产业分类，包括电影胶片、CD、DVD、Tapes 等产品，电影胶片包括已感光和已洗出的大于等于 35mm 的胶片和小于 35mm 的电影胶片（不管是否有声），CD、DVD、Tapes 包括各类用以存储声音、图像的光盘、磁盘和磁带。

一 总体态势

（一）出口规模

从表 1 来看，中国视听产品出口规模在这 8 年间总体呈现出下降的趋势，2012 年较上一年有小幅度的增长，但是 2013 年、2014 年、2016 年、2017 年都处于负增长的状态，尤其是 2014 年、2016 年、2017 年，这 3 年间的视听产品出口规模同比下降了近 20%，2015 年、2018 年在历经前一年的骤减后迎来了上升。

表 1 中国视听产品出口规模年度变化情况

单位：百万美元，%

年份	出口总额	年增速
2011	1405.183	—
2012	1472.874	4.82
2013	1413.587	-4.03
2014	1133.161	-19.84
2015	1369.137	20.82
2016	1124.680	-17.86
2017	877.686	-21.96
2018	1018.848	16.08

资料来源：UNCTAD 创意经济数据库、UN Comtrade。

（二）国际市场份额

由表 2 可知，中国视听产品出口总额虽然呈现下降趋势，但是从中国视听产品所占有的国际市场份额来看，近 8 年的市场份额稳定在 3%~6%，其中 2015 年国际市场份额最高，2011~2018 年国际市场份额总体呈上升的趋势。但是其绝对值和中国庞大的 GDP 总量相比较而言还是比较低的，这说明中国视听产品的国际市场占有率较低，加上近几年的总额走势处于低位状态，表现出较弱的国际竞争力。

表 2　中国视听产品国际市场份额变化情况

单位：百万美元，%

年份	中国出口总额	世界出口总额	国际市场份额
2011	1405. 183	40412. 519	3. 48
2012	1472. 874	36602. 297	4. 02
2013	1413. 587	30088. 760	4. 70
2014	1133. 161	29698. 627	3. 82
2015	1369. 137	23167. 874	5. 91
2016	1124. 680	24881. 421	4. 52
2017	877. 686	23477. 044	3. 74
2018	1018. 848	23412. 249	4. 35

资料来源：UNCTAD 创意经济数据库、UN Comtrade。

（三）贸易差额

由表 3 可知，中国视听产品的国际贸易自 2011 年起一直处于逆差状态，但其贸易逆差额总体呈缩减趋势，其中 2016 年达到最小贸易差额，2017~2018 年贸易差额小幅度增加。贸易赤字数据在一定程度上说明了中国视听产品在国际市场上缺乏竞争力，国外视听产品在中国则有较强的竞争优势，但中国视听产品的国际竞争力也在稳步提升，相信在不久的将来其竞争力会赶超国外视听产品。

表3 中国视听产品贸易差额变化情况

单位：百万美元

年份	出口总额	进口总额	贸易差额
2011	1405.183	3920.875	-2515.69
2012	1472.874	3926.719	-2453.85
2013	1413.587	3266.622	-1853.04
2014	1133.161	3255.724	-2122.56
2015	1369.137	3007.132	-1638.00
2016	1124.680	2643.247	-1518.57
2017	877.686	2959.626	-2081.94
2018	1018.848	2945.472	-1926.62

资料来源：UNCTAD 创意经济数据库。

（四）出口比重

由表4可知，在中国传媒类产品的出口中，视听产品的比重在2011~2016年不断减小，其出口值占传媒类产品出口额的比重从2011年的9.68%减少至2016年的6.33%，出口比重的不断减小，说明了视听产品的竞争力在不断减弱，但2017年、2018年视听产品的比重大幅度提升，超过了10%，说明了视听产品的竞争力在逐步提高。

表4 中国视听产品出口额占传媒产品出口总额比重变化情况

单位：百万美元，%

年份	中国视听产品出口额	中国传媒产品出口总额	比重
2011	1405.183	14511.480	9.68
2012	1472.874	17469.225	8.43
2013	1413.587	15607.290	9.06

年份	中国视听产品出口额	中国传媒产品出口总额	比重
2014	1133.161	15472.894	7.32
2015	1369.137	18651.442	7.34
2016	1124.680	17759.438	6.33
2017	877.686	7558.963	11.61
2018	1018.848	8001.741	12.73

资料来源：UNCTAD 创意经济数据库。

二 结构演进

（一）产品结构演进

由表 5 可知，从中国视听产品的结构方面来看，电影胶片的出口比重微乎其微，不足 1.0%，视听产品出口的产品类别绝大部分为 CD、DVD、Tapes 等，其比重超过 99.9%。由此可见电影胶片具有较弱的竞争力。由于本类别的统计口径包含已录制和未录制的存储介质，这也间接反映了中国传统制造业的竞争优势。

表 5　中国视听产品结构变化情况

单位：百万美元，%

年份	电影胶片		CD、DVD、Tapes 等	
	出口值	比重	出口值	比重
2011	0.076436	0.0054	1405.106477	99.9946
2012	0.295881	0.0201	1472.577925	99.9799
2013	0.110161	0.0078	1413.476962	99.9922
2014	0.125170	0.0110	1133.035696	99.9889
2015	0.138575	0.0101	1368.998659	99.9899

年份	电影胶片		CD、DVD、Tapes 等	
	出口值	比重	出口值	比重
2016	0.061425	0.0055	1124.618456	99.9945
2017	0.163215	0.0186	877.522433	99.9814
2018	0.094770	0.0093	1018.752894	99.9907

资料来源：UNCTAD 创意经济数据库。

（二）电影胶片的贸易差额演进

由表 6 可知，中国电影胶片国际贸易一直处于逆差的状态，贸易逆差甚至在 2011 年达到了顶峰，达到约 1800 万美元，但此后的贸易逆差逐步得到了改善，近几年逐渐缩小。由于统计口径的原因，该类别不仅仅为已录制的影片，还包括大量的未录制电影胶片。数据总体显示了中国电影产品的竞争劣势，同时也反映了中国电影胶片高端感光材料制造业的相对弱势。

表 6　中国电影胶片贸易差额变化情况

单位：百万美元

年份	出口总额	进口总额	贸易差额
2011	0.076436	18.095433	-18.018997
2012	0.295881	4.921266	-4.625385
2013	0.110161	2.586670	-2.476509
2014	0.125170	2.197117	-2.071947
2015	0.138575	1.699407	-1.560832
2016	0.061425	1.199253	-1.137830
2017	0.163215	1.612054	-1.448840
2018	0.094770	1.099856	-1.005090

资料来源：UNCTAD 创意经济数据库。

（三）CD、DVD 等产品的贸易差额演进

从表7可以看出，中国CD、DVD等产品的国际贸易一直处于逆差状态，8年间虽有改善，但改善程度不大。该产品包含各类光介质和磁介质，表中也反映了中国的这一产品类别在国际竞争中处于劣势地位。

表7　中国 CD、DVD 等产品贸易差额变化情况

单位：百万美元

年份	出口总额	进口总额	贸易差额
2011	1405.106	3902.780	-2497.674
2012	1472.580	3921.797	-2449.217
2013	1413.477	3264.036	-1850.559
2014	1133.036	3253.527	-2120.491
2015	1368.999	3005.432	-1636.433
2016	1124.618	2642.048	-1517.430
2017	877.522	2958.014	-2080.490
2018	1018.753	2944.372	-1925.620

资料来源：UNCTAD 创意经济数据库。

三　竞争力评价

（一）视听产品的贸易竞争力指数（TCI）

由表8可知，从中国视听产品TCI的变动情况来看，其一直表现为负值，说明其在国际竞争中缺乏优势，处于劣势地位。近8年来，视听产品的TCI均在 -0.6 与 -0.3 之间波动，2015年TCI值为近8年最高。

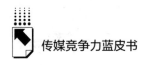
表8　中国视听产品 TCI 变动情况

年份	2011	2012	2013	2014	2015	2016	2017	2018
TCI	- 0.47	- 0.45	- 0.40	- 0.48	- 0.37	- 0.42	- 0.54	- 0.49

资料来源：根据 UNCTAD 创意经济数据库的相关数据计算获得。

（二）视听产品的净出口显示性比较优势指数（NXRCA）

由表9可知，中国视听产品的净出口显示性比较优势指数在 2011～2018 年一直处于负数状态，说明中国视听产品不具备竞争优势。NXRCA 总体呈现增长趋势，2016 年、2017 年、2018 年 NXRCA 趋于 0，劣势有所缓和。

表9　中国视听产品 NXRCA 变动情况

年份	2011	2012	2013	2014	2015	2016	2017	2018
NXRCA	- 4.76	- 4.36	- 4.36	- 4.11	- 3.07	- 0.07	- 0.09	- 0.09

资料来源：根据 UNCTAD 创意经济数据库的相关数据计算获得。

四　中国视听产品国际竞争力小结

根据以上数据分析，我们发现中国视听产品在国际竞争力方面呈现以下特点。

（一）中国视听产品出口总量不断下降

在这8年间，中国视听产品的出口总量不断下降，虽然国际市场份额有所提升，但是从总体上来看，所占的比重仍然较低，在国际竞争中不具有优势。

（二）中国视听产品贸易逆差形势严峻

中国视听产品结构中，无论是电影胶片还是 CD、DVD 产品，8 年间均一直处于贸易逆差状态，但电影贸易逆差得到有效的改善，CD 等产品贸易差额略有改善。总之，中国视听产品的国际竞争力仍处于相对劣势地位。

（三）中国视听产品国际竞争力处于劣势

综合 TCI 和 NXRCA 两项指数，我们可以发现中国视听产品 8 年间国际竞争力并不具有优势，一直处于劣势地位，虽然 8 年间其竞争力得到了一定程度的改善，但是改善的幅度并不大。

B.5
新媒体产品国际竞争力研究报告

刘 强 邢丽娜*

摘 要： 依据 UNCTAD 产业分类标准，本报告主要研究新媒体
产品（数字录制、视频游戏等）的国际竞争力，原始数
据主要来源于 UNCTAD 创意经济数据库，新媒体产品
的贸易数据均根据 UNCTAD 数据汇总计算获得。研究
发现中国新媒体产品出口贸易额缩减，国际竞争力下
滑态势明显。

关键词： 新媒体产品 国际竞争力 创意经济

新媒体产品范围取自 UNCTAD 创意产业分类，包括数字录制和
视频游戏。

一 总体态势

（一）总体态势

从表 1 可以看出，中国新媒体产品的出口额在近 8 年起伏波动

* 刘强，上海理工大学出版印刷与艺术设计学院教授；邢丽娜，上海理工大学出版
印刷与艺术设计学院新闻传播学专业硕士研究生。

大，增长率最高达到了 26.16%，最低降至 - 72.79%。2017 年与 2018 年出口总额缩水严重。

表 1 新媒体产品出口规模年度变化情况

单位：百万美元，%

年份	新媒体产品出口总额	年增速
2011	10445. 766	—
2012	13062. 944	25. 05
2013	11098. 773	- 15. 04
2014	11173. 673	0. 67
2015	14096. 678	26. 16
2016	13791. 988	- 2. 16
2017	3753. 391	- 72. 79
2018	3912. 817	4. 25

资料来源：UNCTAD 创意经济数据库、UN Comtrade。

（二）国际市场份额

由表 2 可知，从所占有的国际市场份额来看，中国新媒体产品在 2011～2016 年表现一直较为稳定，所占比例均维持在 1/3 左右，相对于视听产品不到 6% 的国际市场份额，中国的新媒体产品一直具有较强的国际竞争力。但是，2017 年与 2018 年国际市场份额缩水严重，占比稳定在 10% 左右。

表 2 中国新媒体产品国际市场份额变化情况

单位：百万美元，%

年份	中国出口总额	世界出口总额	国际市场份额
2011	10445. 766	42775. 006	24. 42
2012	13062. 944	43871. 636	29. 78
2013	11098. 773	41264. 938	26. 90

年份	中国出口总额	世界出口总额	国际市场份额
2014	11173.673	43542.361	25.66
2015	14096.678	41949.633	33.60
2016	13791.988	46530.922	29.64
2017	3753.391	36415.272	10.31
2018	3912.817	43100.450	9.08

资料来源：UNCTAD 创意经济数据库、UN Comtrade。

（三）贸易差额

由表3可见，8年来中国新媒体产品的出口量一直大于进口量，贸易顺差状态从未被打破。2011～2016年，贸易顺差稳定增长，2015年、2016年中国新媒体产品的贸易顺差连续超过了100亿美元，其具有的优势地位显而易见。但2017年、2018年贸易顺差缩水明显，仅为2016年的15%左右。

表3　中国新媒体产品贸易差额变化

单位：百万美元

年份	出口总额	进口总额	贸易差额
2011	10445.766	3394.239	7051.527
2012	13062.944	3239.832	9823.112
2013	11098.773	2504.596	8594.177
2014	11173.673	2931.740	8241.933
2015	14096.678	3467.521	10629.157
2016	13791.988	3050.394	10741.594
2017	3753.391	2187.844	1565.547
2018	3912.817	2109.412	1803.405

资料来源：UNCTAD 创意经济数据库。

（四）出口比重

由表4可知，中国新媒体产品的出口额占传媒类产品出口总额的比重总体呈下降趋势，2011～2016年其出口值一直超过总体的2/3，是最主要也是最重要的出口产品类别。虽然6年间比重略有起伏，但2015年的比重又回归了上升趋势，说明新媒体产品在中国传媒类产品出口中的地位会越来越高。但2017年、2018年出口比重又严重下滑，占比不足50%。

表4　中国新媒体产品出口额占传媒类产品出口总额比重变化情况

单位：百万美元，%

年份	新媒体产品出口额	传媒类产品出口总额	比重
2011	10445.766	14511.480	71.98
2012	13062.944	17469.225	74.78
2013	11098.773	15607.290	71.11
2014	11173.673	15472.894	72.21
2015	14096.678	18651.442	75.58
2016	13791.988	17759.438	77.66
2017	3753.391	7558.963	49.65
2018	3912.817	8001.741	48.90

资料来源：UNCTAD创意经济数据库。

二　结构演进

（一）产品结构演进

由表5可知，中国新媒体产品总体上可分为数字录制与视频游戏两个类别，从出口结构方面的数据来看，2011～2016年视频游戏占

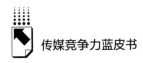

大部分，比重均超过 50%，数字录制的比重则相对较小。2017 年、2018 年两者比重发生了反转，数字录制比重一跃达到近 90%，但两者的出口额都在不断减小。

表 5　中国新媒体产品出口结构变化

单位：百万美元，%

年份	数字录制		视频游戏	
	出口值	比重	出口值	比重
2011	5080.108	48.63	5365.658	51.37
2012	5299.454	40.57	7763.490	59.43
2013	4329.587	39.01	6769.186	60.99
2014	4622.307	41.37	6551.366	58.63
2015	5094.103	36.14	9002.576	63.86
2016	4168.813	30.23	9623.175	69.77
2017	3360.398	89.53	392.993	10.47
2018	3450.623	88.19	462.193	11.81

资料来源：UNCTAD 创意经济数据库。

（二）数字录制产品的贸易差额演进

从表 6 来看，中国数字录制产品无论在出口额还是进口额方面均呈现下降趋势，且始终维持着贸易顺差状态，但差额在不断减小，不过中国数字录制产品仍保持着稳固的国际地位。

表 6　中国数字录制产品贸易差额变化情况

单位：百万美元

年份	出口总额	进口总额	贸易差额
2011	5080.108	3220.363	1859.745
2012	5299.454	2799.741	2499.713
2013	4329.587	2235.336	2094.251

年份	出口总额	进口总额	贸易差额
2014	4622.307	2418.200	2204.107
2015	5094.103	3107.073	1987.030
2016	4168.813	2519.057	1649.756
2017	3360.398	2138.058	1222.340
2018	3450.623	2054.023	1396.600

资料来源：UNCTAD 创意经济数据库。

（三）视频游戏产品的贸易差额演进

由表7可知，总体上看，中国视频游戏产品的国际贸易差额8年间一直处于顺差状态，呈现出先增长而后迅速下降的趋势。贸易顺差额从2011年的约52亿美元增长至2016年的约91亿美元，总计增长将近40亿美元，但2017年与2018年差额缩水严重。

表7 中国视频游戏产品贸易差额变化情况

单位：百万美元

年份	出口总额	进口总额	贸易差额
2011	5365.658	173.877	5191.781
2012	7763.490	440.0901	7323.400
2013	6769.186	269.260	6499.926
2014	6551.366	513.539	6037.827
2015	9002.576	360.449	8642.127
2016	9623.175	531.337	9091.838
2017	392.993	49.786	343.207
2018	462.193	55.390	406.803

资料来源：UNCTAD 创意经济数据库。

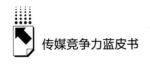

三 竞争力评价

（一）新媒体产品的贸易竞争力指数（TCI）

由表8可知，从新媒体产品TCI的变化情况来看，中国新媒体产品的TCI在8年间一直为正数，说明中国新媒体产品具有竞争优势。2011年至2016年，中国新媒体产品的TCI虽涨幅不大，但稳中有升，说明其国际地位已基本确立，新媒体产品具有显著优势。但2017年、2018年TCI下滑，其优势显著减弱。

表8 中国新媒体产品TCI变动情况

年份	2011	2012	2013	2014	2015	2016	2017	2018
TCI	0.51	0.60	0.63	0.58	0.61	0.64	0.26	0.30

资料来源：根据UNCTAD创意经济数据库的相关数据计算获得。

（二）新媒体产品的显示性比较优势指数（RCA）

中国新媒体产品的显示性比较优势指数始终大于1，说明中国的新媒体产品具有较强的国际竞争力。但是从表9中我们可以明显看出，中国新媒体产品的RCA一直在下降，说明其在国际上的相对优势已不再突出。

表9 中国新媒体产品RCA变动情况

年份	2011	2012	2013	2014	2015	2016	2017	2018
RCA	2.24	2.18	2.05	1.98	1.77	1.82	1.34	1.21

资料来源：根据UNCTAD创意经济数据库的相关数据计算获得。

（三）新媒体产品的净出口显示性比较优势指数（NXRCA）

为了进一步探索进口对于中国新媒体产品国际竞争力的影响，我们继续计算并检验了 2011 年至 2018 年间中国新媒体产品的净出口显示性比较优势指数（NXRCA），结果显示 NXRCA 均为正数，说明中国新媒体产品具有竞争优势。除 2012 年经历了短暂上升之外，其余时间该指数一直在下跌，2017 年、2018 年下滑严重，所以中国新媒体要想继续保持较强的国际竞争力，还需寻求新的突破点和发力点。

四 中国新媒体产品国际竞争力小结

根据以上数据分析，可以发现中国新媒体产品国际竞争力呈现以下特点。

（一）中国新媒体产品出口贸易额缩减

2011～2016 年中国新媒体产品依旧位居中国文化类产品出口总量的首位，且比例一直维持在 2/3 左右，其重要性无可替代。但 2017 年、2018 年新媒体出口总额锐减，占比下滑。

（二）中国新媒体产品国际竞争优势严重下滑

虽然中国新媒体产品在 8 年间国际贸易一直处于顺差状态，但其贸易顺差额增长放缓，甚至出现了倒退迹象，2017 年、2018 年缩水严重。RCA 和 NXRCA 两项指数也呈下降态势，说明中国新媒体产品的国际竞争优势近年来并未有明显扩大，甚至受到了一定的冲击。

B.6
出版物产品国际竞争力研究报告

刘强 邢丽娜*

摘　要：　依据 UNCTAD 产业分类标准，本报告主要研究出版物
产品（图书，报纸、期刊，其他出版物）的国际竞争
力，原始数据主要来源于 UNCTAD 创意经济数据库，
出版物产品的贸易数据均根据 UNCTAD 数据汇总计算
获得。研究发现中国出版物产品出口结构受新媒体变
革影响，具有一定的国际竞争优势。

关键词：　出版物产品　国际竞争力　创意经济

出版物产品范围取自 UNCTAD 创意产业分类，包括图书，报纸、
期刊与其他出版物；其他出版物主要指地图、日历、个人贺卡、商业
促销印刷品等。

一　总体态势

（一）出口规模

如表 1 所示，中国出版物的产品出口额在 2011～2015 年不断增

---

* 刘强，上海理工大学出版印刷与艺术设计学院教授；邢丽娜，上海理工大学出版
印刷与艺术设计学院新闻传播学专业硕士研究生。

长，但增速逐渐变慢。2016 年出版物产品出口额明显减少，低于 30 亿美元，随后两年出版物出口额缓慢增长。

表 1　出版物产品出口规模年度变化情况

单位：百万美元，%

年份	出版物产品出口总额	年增速
2011	2660.530	—
2012	2933.407	10.26
2013	3094.929	5.51
2014	3166.060	3.30
2015	3185.627	0.62
2016	2842.770	-10.76
2017	2927.887	2.99
2018	3070.077	4.86

资料来源：UNCTAD 创意经济数据库、UN Comtrade。

（二）国际市场份额

如表 2 所示，中国出版物产品的国际优势并不明显，其国际市场份额相对较低，但 8 年间国际市场份额总体呈现上升趋势，2015 年甚至达到了近 10% 的国际市场份额，说明中国出版物产品的国际竞争力在逐年提升。

表 2　出版物产品国际市场份额变化情况

单位：百万美元，%

年份	中国出版物产品出口总额	世界出版物产品出口总额	中国占国际市场份额
2011	2660.530	50108.976	5.31
2012	2933.407	47368.978	6.19
2013	3094.929	47442.508	6.52

年份	中国出版物产品出口总额	世界出版物产品出口总额	中国占国际市场份额
2014	3166.060	46126.886	6.86
2015	3185.627	33408.805	9.54
2016	2842.770	37741.243	7.53
2017	2927.887	38024.682	7.70
2018	3070.077	40212.922	7.63

资料来源：UNCTAD 创意经济数据库、UN Comtrade。

（三）贸易差额

如表 3 所示，中国出版物产品在 8 年间一直处于贸易顺差状态，贸易顺差额从 2011 年的约 16.54 亿美元增长至 2015 年的约 22.82 亿美元，在 5 年间贸易顺差额增长较快，但 2016 年开始逐渐回落，在 2018 年回落到了 2011 年的差额水平。

表3 中国出版物产品贸易差额变化情况

单位：百万美元

年份	中国出版物产品出口总额	中国出版物产品进口总额	贸易差额
2011	2660.530	1006.197	1654.333
2012	2933.407	1074.609	1858.798
2013	3094.929	991.594	2103.335
2014	3166.060	914.807	2251.253
2015	3185.627	903.868	2281.759
2016	2842.770	791.903	2050.867
2017	2927.887	1036.473	1891.414
2018	3070.077	1372.626	1697.451

资料来源：UNCTAD 创意经济数据库。

（四）出口比重

如表4所示，中国出版物产品在传媒类产品出口中的地位呈上升趋势，在2011～2016年比重相对比较稳定，均在18%上下浮动。2017年与2018年比重有大幅度提升，增长了一倍左右。

表4 中国出版物产品出口总额占传媒类产品出口总额比重变化情况

单位：百万美元，%

年份	中国出版物产品出口总额	中国传媒类产品出口总额	比重
2011	2660.530	14511.480	18.33
2012	2933.407	17469.225	16.79
2013	3094.929	15607.290	19.83
2014	3166.060	15472.894	20.46
2015	3185.627	18651.442	17.08
2016	2842.770	17759.438	16.01
2017	2927.887	7558.963	38.74
2018	3070.077	8001.741	38.37

资料来源：UNCTAD创意经济数据库。

二 结构演进

（一）产品结构演进

如表5所示，中国出版物产品的出口结构以图书出口为主，2011～2018年的出口比重均为60%左右，其他出版物比重为40%左右，报纸、期刊占比较小。总体上图书出口的比重呈下降趋势，报纸、期刊作为中国媒体产品出口中的弱势部分，其出口额一直较低，而其他类出版物的比重在上升，这一趋势可能与世界范围内新媒体的飞速发展有关。

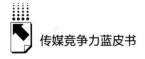

表5 中国出版物产品出口结构变化情况

单位：百万美元，%

年份	图书		报纸、期刊		其他出版物	
	出口值	比重	出口值	比重	出口值	比重
2011	1663.29	62.52	32.73	1.23	964.52	36.25
2012	1783.39	60.80	27.18	0.93	1122.84	38.28
2013	1796.10	58.03	80.33	2.60	1218.50	39.37
2014	1869.27	59.04	82.43	2.60	1214.36	38.36
2015	1797.86	56.44	41.15	1.29	1346.62	42.27
2016	1625.07	57.17	25.63	0.90	1192.07	41.93
2017	1623.96	55.47	21.76	0.74	1282.17	43.79
2018	1782.95	58.07	19.00	0.62	1268.12	41.31

资料来源：UNCTAD创意经济数据库。

（二）图书的贸易差额演进

如表6所示，中国图书产品的国际贸易一直处于顺差状态，但2011~2018年贸易顺差起伏并不大，2011~2014年贸易差额呈现上升趋势，2015~2018年贸易差额呈下降趋势，表明在电子媒体快速发展的时代，中国图书的国际竞争力在缓慢上升中也遭遇了来自新事物的挑战。

表6 中国图书贸易差额变化情况

单位：百万美元

年份	中国图书出口总额	中国图书进口总额	贸易差额
2011	1663.29	181.14	1482.15
2012	1783.39	204.62	1578.77
2013	1796.10	260.01	1536.09
2014	1869.27	258.85	1610.42

续表

年份	中国图书出口总额	中国图书进口总额	贸易差额
2015	1797.86	287.07	1510.79
2016	1625.07	338.53	1286.54
2017	1623.96	380.99	1242.97
2018	1782.95	462.04	1320.91

资料来源：UNCTAD 创意经济数据库。

（三）报纸、期刊的贸易差额演进

由表 7 可知，中国报纸、期刊产品的国际贸易差额一直为负，并且差额一直在显著增加，2018 年贸易差额约为 2011 年的 3 倍左右，主要是因为进口总额的显著增加，这一变化可能与技术的变化趋势相关联。从 2011 年开始，微博、微信、手机 App 逐渐成熟，无论是新闻资讯的查阅，还是专业内容的阅读，都不再拘泥于印刷类报纸和期刊，而是更多地借助电子网络平台。所以面对网络技术与信息通信技术的迅猛发展与普及，报纸和期刊首先受到影响。

表 7 中国报纸、期刊贸易差额变化情况

单位：百万美元

年份	中国报纸、期刊出口总额	中国报纸、期刊进口总额	贸易差额
2011	32.73	228.81	−196.08
2012	27.18	321.44	−294.26
2013	80.33	296.91	−216.58
2014	82.43	285.17	−202.74
2015	41.15	283.25	−242.10
2016	25.63	181.46	−155.83
2017	21.76	409.40	−387.64
2018	19.00	675.06	−656.06

资料来源：UNCTAD 创意经济数据库。

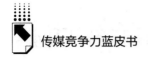

（四）其他出版物产品的贸易差额演进

如表 8 所示，中国其他出版物产品的国际贸易在 2011～2018 年也一直处于顺差状态，贸易顺差额也在不断增长，从 2011 年的约 3.68 亿美元增长到了 2018 年的约 10.32 亿美元，说明在其他类出版物产品出口方面中国具有竞争力优势。

表 8　中国其他出版物贸易差额变化情况

单位：百万美元

年份	中国其他出版物产品出口总额	中国其他出版物产品进口总额	贸易差额
2011	964.52	596.25	368.27
2012	1122.84	548.55	574.29
2013	1218.50	434.67	783.83
2014	1214.36	370.78	843.58
2015	1346.62	333.55	1013.07
2016	1192.07	271.91	920.16
2017	1282.17	246.09	1036.08
2018	1268.12	235.52	1032.60

资料来源：UNCTAD 创意经济数据库。

三　竞争力评价

（一）出版物产品的贸易竞争力指数（TCI）

如表 9 所示，中国出版物产品的 TCI 在 2011～2018 年一直为正数，并大致在 0.3 到 0.6 的区间内徘徊，说明中国出版物产品并不具有明显的竞争优势。在 2011～2016 年 TCI 呈现缓慢上升的趋势，从

2011 年的 0.45 到 2015 年的 0.56，总体上说明中国出版物产品的竞争优势在缓慢提升。但 2017 年、2018 年 TCI 显著下滑，竞争优势在减弱。

表 9　中国出版物产品 TCI 变动情况

年份	2011	2012	2013	2014	2015	2016	2017	2018
TCI	0.45	0.46	0.51	0.55	0.56	0.56	0.48	0.38

资料来源：根据 UNCTAD 创意经济数据库的相关数据计算获得。

（二）出版物产品的显示性比较优势指数（RCA）

如表 10 所示，从 RCA 来看，2011～2016 年中国出版物具有较弱的国际竞争力，但 2017 年与 2018 年 RCA 上升明显，并且 2018 年超过 1，说明我国出版物的国际竞争力大幅度提升。

表 10　中国出版物产品 RCA 变动情况

年份	2011	2012	2013	2014	2015	2016	2017	2018
RCA	0.49	0.45	0.50	0.52	0.50	0.46	0.99	1.02

资料来源：根据 UNCTAD 创意经济数据库的相关数据计算获得。

（三）出版物产品的净出口显示性比较优势指数（NXRCA）

如表 11 所示，中国出版物产品的净出口显示性比较优势指数一直保持为正数，说明中国出版物产品一直具有较为明显的竞争优势。从其变化趋势来看，起伏相对不大，说明中国出版物产品的国际竞争力保持稳定的状态。

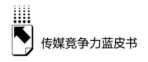

表 11　中国出版物产品 NXRCA 变动

年份	2011	2012	2013	2014	2015	2016	2017	2018
NXRCA	0.06	0.04	0.05	0.08	0.05	0.05	0.05	0.04

资料来源：根据 UNCTAD 创意经济数据库的相关数据计算获得。

四　中国出版物产品国际竞争力小结

根据以上数据分析，我们发现中国出版物产品国际竞争力呈以下特点。

（一）中国出版物产品具有一定的国际竞争优势

中国出版物产品在 8 年间稳步发展，一直处于贸易顺差状态，贸易顺差额基本稳定。参考中国出版物产品在 TCI、RCA、NXRCA 各项指数上的表现，总体上中国出版物产品表现出一定的国际竞争优势，但是优势并不明显。

（二）中国出版物产品国际竞争力缓慢上升

虽然中国出版物产品在国际竞争方面的优势并不显著，甚至可以说起点比较低，但国际竞争力一直处于上升的趋势。RCA 的变化显示，中国出版物产品国际竞争力在低起点的不利背景之下，正慢慢上升。但 TCI 与 NXRCA 亦表明，其国际竞争力依旧存在波动。

（三）中国出版物产品出口结构受新媒体变革影响

中国出版物产品的出口结构发生了较大的变化。虽然总体上依旧以图书出口为主，但其比重呈下降趋势，报纸、期刊作为中国媒体产品出口中的弱势部分，其出口额一直较低，其他类出版物的比重则在上升，这一趋势可能与世界范围内新媒体的飞速发展有关。

服 务 篇

Research on Chinese Cultural Service

B.7

计算机与信息服务国际竞争力研究
报告（2011～2018）

王大可　蒋龙九鼎*

摘　要：　本报告依据 UNCTAD 产业分类标准，主要研究计算机
与信息服务（含计算机服务、信息服务和其他信息文
化服务等）的国际竞争力，原始数据主要源自联合国商
品贸易统计数据库（United Nations Comtrade
Database），计算机与信息服务贸易数据根据该数据汇
总计算获得。研究发现，中国计算机与信息服务的出
口总量高速增长、中国计算机与信息服务国际竞争优
势较弱、中国计算机与信息服务国际竞争力下降。

---

* 王大可，博士，上海交通大学媒体与传播学院助理研究员、上海交通大学智能传
播研究院研究员；蒋龙九鼎，上海理工大学出版印刷与艺术设计学院新闻传播学
专业硕士研究生。

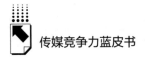

关键词：　文化服务　国际竞争力　信息服务

计算机与信息服务包括计算机服务、信息服务和其他信息文化服务三类，但由于 UNCTAD 数据并未披露中国各细分类别的数据，因此本部分并未对计算机与信息服务进行三类服务的类别分析。

一　总体态势

（一）出口规模

中国 2011 年至 2018 年，计算机与信息服务出口规模连年上涨，2012~2015 年基本稳定在 20% 左右的增速。2016 年后增速有所放缓，但 2018 年增速回升。总体上 8 年间，中国的计算机与信息服务出口取得了长足进步，在一定程度上反映了该服务国际竞争力的提升（见表 1）。

表 1　中国计算机与信息服务（CIS）出口规模年度变化情况

单位：美元，%

年份	中国 CIS 出口总额	年增速
2011	12182058938	—
2012	14453507907	18.65
2013	17098440000	18.30
2014	20172910000	17.98
2015	24548939491	21.69
2016	25432487660	3.60
2017	26860401824	5.61
2018	30023209195	11.77

资料来源：联合国商品贸易统计数据库。

（二）国际市场份额

中国计算机与信息服务占国际市场的份额越来越大，从 2011 年的 4.74% 增长至 2018 年的 9.69%。虽然 2012 年有所回落，但总体趋势向好。虽然增速有一定的起伏，但是增长的趋势并没有改变（见表 2）。

表 2　中国计算机与信息服务（CIS）国际市场份额变化情况

单位：美元，%

年份	中国 CIS 出口总额	世界 CIS 出口总额	国际市场份额
2011	12182058938	256810657435	4.74
2012	14453507907	299188777359	0.27
2013	17098440000	326358310560	5.24
2014	20172910000	391624175275	5.15
2015	24548939491	459387356319	5.34
2016	25432487660	475859733264	5.34
2017	26860401824	502391333864	5.35
2018	30023209195	309892706569	9.69

资料来源：联合国商品贸易统计数据库。

（三）贸易差额

2011～2014 年一直为贸易顺差，说明该项服务的国际市场竞争力得到提升。2015～2018 年，该项服务一直为贸易逆差，但 2018 年贸易逆差减小。说明该服务的国际竞争力有所下降，但在 2018 年呈现好转势头（见表 3）。

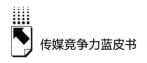

表3 中国计算机与信息服务（CIS）贸易差额变化情况

单位：美元

年份	中国 CIS 出口总额	中国 CIS 进口总额	贸易差额
2011	12182058938	3844137653	8337921285
2012	14453507907	3843177448	10610330459
2013	17098440000	7624000000	9474440000
2014	20172910000	10748000000	9424910000
2015	24548939491	291406042711	−266857103220
2016	25432487660	288654179615	−263221691955
2017	26860401824	311614961278	−284754559454
2018	30023209195	121618828916	−91595619721

资料来源：联合国商品贸易统计数据库。

（四）出口比重

中国计算机与信息服务的重要程度在8年间总体上呈缓慢下降趋势，但是在中国文化产品类服务出口总额中占的比重较大，一直在90%左右徘徊，2016年由93.18%急转下降到2017年的82.74%。这说明中国计算机与信息服务的重要程度在缓慢下降，而其他服务类型的地位有所提升（见表4）。

表4 中国计算机与信息服务（CIS）出口额占中国传媒类服务
出口总额比重变化情况

单位：美元，%

年份	中国 CIS 出口额	中国传媒类服务出口总额	比重
2011	12182058938	13025360636	93.53
2012	14453507907	16097609948	89.79
2013	17098440000	18065110300	94.65
2014	20172910000	21749291900	92.75

年份	中国 CIS 出口额	中国传媒类服务出口总额	比重
2015	24548939491	26333539552	93. 22
2016	25432487660	27293683315	93. 18
2017	26860401824	32463436084	82. 74
2018	30023209195	35584497863	84. 37

资料来源：联合国商品贸易统计数据库。

（五）进口比重

中国计算机与信息服务的进口占传媒类服务进口的比重，8 年间逐渐上升，由 2011 年的 20.18% 上涨至 2018 年的 39.67%（见表 5）。

表 5 中国计算机与信息服务（CIS）进口额占中国传媒类服务进口总额比重变化情况

单位：美元，%

年份	中国 CIS 进口额	中国传媒类服务进口总额	比重
2011	3844137653	19050246344	20. 18
2012	3843177448	21692160885	17. 72
2013	7624000000	28757080000	26. 51
2014	10748000000	33561800000	32. 02
2015	11408687411	35331053466	32. 29
2016	12737607215	38817187423	32. 81
2017	19367142675	50913622494	38. 04
2018	23533054006	59316007959	39. 67

资料来源：联合国商品贸易统计数据库。

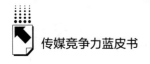

二 竞争力评价

（一）中国计算机与信息服务的贸易竞争力指数（TCI）

中国计算机与信息服务的 TCI 2011 年至 2014 年一直为正值，而 2015 年至 2018 年降至负值，但 2018 年有所回升。说明中国计算机 与信息服务的国际竞争力先升后降而后又缓慢回升（见表6）。

表6　中国计算机与信息服务 TCI 变动情况

年份	2011	2012	2013	2014	2015	2016	2017	2018
TCI	0.52	0.58	0.38	0.30	−0.84	−0.84	−0.84	−0.60

资料来源：UNCTAD 创意经济数据库。

（二）中国计算机与信息服务的显示性比较优势指数（RCA）

在8年间，RCA 有所波动。2011～2014 年该指数由 2.02 降至 1.65，但2015 年又回升至 2.02，而后降至 2018 年的 1.21。说明中国 计算机与信息服务的国际竞争力显示性比较优势有所下降（见表7）。

表7　中国计算机与信息服务 RCA 变动情况

年份	2011	2012	2013	2014	2015	2016	2017	2018
RCA	2.02	1.73	1.72	1.65	2.02	1.98	1.63	1.21

资料来源：联合国商品贸易统计数据库。

（三）中国计算机与信息服务的净出口显示性比较优势指 数（NXRCA）

在8年间该指数一直保持正值，但是由 2011 年的 0.73 降至 2018

年的 0.44，总体降幅较大，说明中国计算机与信息服务的国际竞争力有所下降（见表 8）。

表 8　中国计算机与信息服务 NXRCA 变动情况

年份	2011	2012	2013	2014	2015	2016	2017	2018
NXRCA	0.73	0.72	0.68	0.61	0.61	0.60	0.44	0.44

资料来源：联合国商品贸易统计数据库。

三　中国计算机与信息服务的国际竞争力小结

（一）中国计算机与信息服务的出口总量高速增长

由 2011 年到 2018 年出口总额增长了一倍多，在 2012～2015 年，年增幅在 20% 左右。而且其在国际市场份额也逐年上升，由 2011 年的 4.74% 上升至 2018 年的 9.69%。

（二）中国计算机与信息服务的国际竞争力较弱

综合各类指数可以发现中国计算机与信息服务虽然没有处于非常劣势的地位，但是其优势较为微弱，TCI 由 2014 年的 0.30 跌至 2015 年的 -0.84。NXRCA 也由 2011 年的 0.73 跌至 2018 年的 0.44。

（三）中国计算机与信息服务的国际竞争力下降

综合各类指数变化趋势，可以发现中国计算机与信息服务的国际竞争力在 8 年间有下降趋势，但是 2018 年有所回升。

B.8
版税和许可费服务国际竞争力研究报告

王大可　蒋龙九鼎*

摘　要：　本报告主要依据 UNCTAD 产业分类标准，研究版税和许可费服务的国际竞争力。原始数据主要源自联合国商品贸易统计数据库（United Nations Comtrade Database），版税和许可费服务贸易数据根据该数据汇总计算获得。研究发现，中国版税和许可费服务是制约中国文化产品服务国际竞争力的关键因素。

关键词：　版税和许可费服务　国际竞争力　传媒服务

一　总体态势

（一）出口规模

中国版税和许可费服务出口额涨跌幅度较大，极其不稳定。2014年增速为 - 23.72%，2017 年增速为 313.63%。2018 年的出口额最多，约55.6 亿美元。中国版税和许可费服务的出口额波动幅度较大，

---

* 王大可，博士，上海交通大学媒体与传播学院助理研究员、上海交通大学智能传播研究院研究员；蒋龙九鼎，上海理工大学出版印刷与艺术设计学院新闻传播学专业硕士研究生。

体现出其在国际市场的竞争力也非常不稳定，甚至在近年来有所下降（见表1）。

表1 中国版税和许可费服务（RLFS）出口规模年度变化情况

单位：美元，%

年份	中国 RLFS 出口总额	年增速
2011	743301698	—
2012	1044102041	40.47
2013	886670300	−15.08
2014	676381900	−23.72
2015	1084600061	60.35
2016	1161195655	7.06
2017	4803034260	313.63
2018	5561288668	15.79

资料来源：联合国商品贸易统计数据库。

（二）国际市场份额

中国版税和许可费服务国际市场份额由 2011 年的 0.27% 上涨至 2018 年的 4.23%，近年来涨幅较大，由 2016 年的 0.23% 涨至 2017 年的 1.00%，而后是涨至 2018 年的 4.23%。但是这一份额不仅与我国经济地位不相称，与其他传媒类服务相比也显得落后（见表2）。

表2 中国版税和许可费服务（RLFS）国际市场份额变化情况

单位：美元，%

年份	中国 RLFS 出口总额	世界 RLFS 出口总额	国际市场份额
2011	743301698	279925431235	0.27
2012	1044102041	263143853107	0.40
2013	886670300	253710607989	0.35

年份	中国 RLFS 出口总额	世界 RLFS 出口总额	国际市场份额
2014	676381900	285212454444	0.24
2015	1084600061	518537379577	0.21
2016	1161195655	514619845641	0.23
2017	4803034260	479683882441	1.00
2018	5561288668	131533304795	4.23

资料来源：联合国商品贸易统计数据库。

（三）贸易差额

自 2011 年以来，中国版税和许可费服务的国际贸易一直处于贸易逆差状态，并且贸易逆差还在不断扩大。贸易逆差由 2011 年的约 140 亿美元，涨至 2018 年的约 302 亿美元。贸易逆差的扩大在相当程度上体现了中国版税和许可费服务在国际竞争方面的不断弱化（见表3）。

表3 中国版税和许可费服务（RLFS）贸易差额变化情况

单位：美元

年份	中国 RLFS 出口总额	中国 RLFS 进口总额	贸易差额
2011	743301698	14706108691	−13962806993
2012	1044102041	17748983437	−16704881396
2013	886670300	21033080000	−20146409700
2014	676381900	22613800000	−21937418100
2015	1084600061	22022366055	−20937765994
2016	1161195655	23979580208	−22818384553
2017	4803034260	28746479819	−23943445559
2018	5561288668	35782953953	−30221665285

资料来源：联合国商品贸易统计数据库。

（四）出口比重

中国版税和许可费服务出口额在中国传媒类服务出口总额中的比重先降后升，2011年为5.71%而后降至2014年的3.11%，又由2016年的4.25%急速上涨至2017年的14.80%。这在一定程度上说明了中国版税和许可费服务的国际竞争力有所上升（见表4）。

表4　中国RLFS出口总额占中国传媒类服务出口总额比重变化情况

单位：美元，%

年份	中国RLFS出口总额	中国传媒类服务出口总额	比重
2011	743301698	13025360636	5.71
2012	1044102041	16097609948	6.49
2013	886670300	18065110300	4.91
2014	676381900	21749291900	3.11
2015	1084600061	26333539552	4.12
2016	1161195655	27293683315	4.25
2017	4803034260	32463436084	14.80
2018	5561288668	35584497863	15.63

资料来源：联合国商品贸易统计数据库。

（五）进口比重

与中国版税和许可费服务出口额占中国传媒类服务出口额比重极低的情况相比，其在传媒类服务进口中却占据着十分重要的地位。2011~2014年中国版税和许可费服务的进口占比都超过了2/3，其中占比最高的年份是2012年，为81.82%。此后有所下降，至2018年只有60.33%（见表5）。

表5　中国 RLFS 进口总额占中国传媒类服务进口总额比重变化情况

单位：美元，%

年份	中国 RLFS 进口总额	中国传媒类服务进口总额	比重
2011	14706108691	19050246344	77.20
2012	17748983437	21692160885	81.82
2013	21033080000	28757080000	73.14
2014	22613800000	33561800000	67.38
2015	22022366055	35331053466	62.33
2016	23979580208	38817187423	61.78
2017	28746479819	50913622494	56.46
2018	35782953953	59316007959	60.33

资料来源：联合国商品贸易统计数据库。

二　竞争力评价

（一）中国版税和许可费服务的贸易竞争力指数（TCI）

中国版税和许可费服务的 TCI 一直表现为负值，说明其基本不具备国际竞争优势。近年来略有好转，由 2016 年的 -0.91 上涨至 2017 年的 -0.71（见表6）。

表6　中国版税和许可费服务 TCI 变动情况

年份	2011	2012	2013	2014	2015	2016	2017	2018
TCI	-0.90	-0.89	-0.92	-0.94	-0.91	-0.91	-0.71	-0.73

资料来源：联合国商品贸易统计数据库。

（二）中国版税和许可费服务的显示性比较优势指数（RCA）

从 RCA 来看，2011～2016 年基本在 0.1 左右徘徊。而 2017 年至 2018 年急转直上，直线上涨至 2018 年的 0.53，说明中国版税和许可费服务的国际竞争力在 2017～2018 年呈现改善的趋势（见表 7）。

表 7　中国版税和许可费服务 RCA 变动情况

年份	2011	2012	2013	2014	2015	2016	2017	2018
RCA	0.11	0.14	0.11	0.08	0.08	0.08	0.30	0.53

资料来源：联合国商品贸易统计数据库。

（三）中国版税和许可费服务的净出口显示性比较优势指数（NXRCA）

中国版税和许可费服务的 NXRCA 一直为负值，这说明中国基本没有净出口显示性比较优势。2011～2018 年 NXRCA 在 -0.75 至 -0.42 之间，起伏波动不大，这意味着其在国际竞争力净出口显示性比较优势方面，既没有大幅的下滑，也没有明显的提升（见表 8）。

表 8　中国版税和许可费服务 NXRCA 变动情况

年份	2011	2012	2013	2014	2015	2016	2017	2018
NXRCA	-0.71	-0.75	-0.68	-0.64	-0.58	-0.5753	-0.42	-0.45

资料来源：联合国商品贸易统计数据库。

（四）中国版税和许可费服务的多指数比较

综合各类指数变动趋势，中国版税和许可费服务三项指标基本一

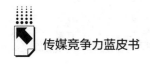
致表现为国际竞争力不强。在综合考虑出口、进口以及国际市场份额的情况下，可以认为中国版税和许可费服务的总体国际竞争力极弱，但有小幅上升的迹象。

三　中国版税和许可费服务的国际竞争力小结

（一）中国版税和许可费服务国际竞争力劣势十分明显

综合各类指数可以发现，中国版税和许可费服务在2011～2018年的国际竞争劣势地位非常显著。2011年以来，中国版税和许可费服务的国际贸易逆差约140亿美元，而到了2018年上涨到约302亿美元。

（二）中国版税和许可费服务是制约中国文化产品服务国际竞争力的关键环节

版税和许可费服务是传媒产业的核心服务类型，对于整个传媒产业的发展具有引领作用，甚至可以说版税和许可费服务的竞争力决定了传媒产业整体的竞争力，而每年中国版税和许可费服务的进口额占中国传媒类服务进口总额的比重都超过了2/3，可以说中国版税和许可费服务具有较强的国际竞争力。

（三）中国版税和许可费服务国际竞争力略有提升

从2011～2018年的情况来看，中国版税和许可费服务在国际竞争力基本稳定的情况下，呈现了小幅提升的趋势。不过，总体来看，这一阶段中国版税和许可费服务贸易逆差不断扩大，这表明其国际竞争力提振乏力，缺乏后劲，短期内很难有实质性的改善。

B.9
"个人、文化和娱乐服务"国际竞争力
研究报告

摘　要：　本报告主要依据 UNCTAD 产业分类标准，研究"个人、文化和娱乐服务"的国际竞争力。原始数据主要源自联合国商品贸易统计数据库（United Nations Comtrade Database），"个人、文化和娱乐服务"贸易数据根据该数据汇总计算获得。研究发现，中国"个人、文化和娱乐服务"在中国传媒服务中不占重要位置，国际竞争力较弱。

关键词：　个人、文化和娱乐服务　国际竞争力　传媒服务

一　总体态势

（一）出口规模

中国"个人、文化和娱乐服务"出口规模基本在逐年提升，但

---

* 王大可，博士，上海交通大学媒体与传播学院助理研究员、上海交通大学智能传播研究院研究员；蒋龙九鼎，上海理工大学出版印刷与艺术设计学院新闻传播学专业硕士研究生。

是 2015 年略有下降，由 2014 年的 9 亿美元下降至 2015 年的 7 亿美元，降幅为 22.22%。2012 年增速为 500%，为 7 年之中最快增速（见表 1）。

表 1　中国"个人、文化和娱乐服务"出口规模年度变化情况

单位：美元，%

年份	出口总额	年增速
2011	100000000	—
2012	600000000	500.00
2013	800000000	33.33
2014	900000000	12.50
2015	700000000	-22.22
2016	700000000	0.00
2017	800000000	14.29

资料来源：中国商务部公共商务信息数据库。

（二）国际市场份额

中国"个人、文化和娱乐服务"的国际市场份额逐年提升，由 2011 年的 0.59% 提升至 2017 年的 16.85%。2017 年前，中国"个人、文化和娱乐服务"的国际市场份额从未超过 6%，但在 2017 年，市场份额却突然提升至 16.85%（见表 2）。

表 2　中国"个人、文化和娱乐服务"国际市场份额变化情况

单位：美元，%

年份	中国出口总额	世界出口总额	国际市场份额
2011	100000000	16881742630	0.59
2012	600000000	13106877489	4.58
2013	800000000	14671955834	5.45

续表

年份	中国出口总额	世界出口总额	国际市场份额
2014	900000000	18640607032	4.83
2015	700000000	18520300464	3.78
2016	700000000	18425546543	3.80
2017	800000000	4747111439	16.85

资料来源：联合国商品贸易统计数据库和中国商务部公共商务信息数据库。

（三）贸易差额

总体而言，中国"个人、文化和娱乐服务"的贸易逆差在不断上升，特别是在 2015～2017 年，贸易逆差分别高达 12 亿美元、14 亿美元和 20 亿美元，这远远超过 2011 年 4 亿美元的逆差额（见表 3）。

表 3　中国"个人、文化和娱乐服务"贸易差额变化情况

单位：美元

年份	出口总额	进口总额	贸易差额
2011	100000000	500000000	－400000000
2012	600000000	100000000	500000000
2013	800000000	100000000	700000000
2014	900000000	200000000	700000000
2015	700000000	1900000000	－1200000000
2016	700000000	2100000000	－1400000000
2017	800000000	2800000000	－2000000000

资料来源：中国商务部公共商务信息数据库。

（四）出口比重

在中国传媒类服务出口格局中，中国"个人、文化和娱乐服务"

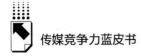

不占据十分重要的地位。2011 年，其出口额仅占中国传媒类服务出口额的 0.77%，而即便占比较高的 2013 年和 2014 年，占比也仅为 4.26% 和 4.14%（见表 4）。

表 4　中国"个人、文化和娱乐服务"出口额占中国传媒类
服务出口总额比重变化情况

单位：美元，%

年份	中国"个人、文化和娱乐服务"出口额	中国传媒类服务出口总额	比重
2011	100000000	13025360636	0.77
2012	600000000	16097609948	3.73
2013	800000000	18785110300	4.26
2014	900000000	21749291900	4.14
2015	700000000	26333539552	2.66
2016	700000000	27293683315	2.56
2017	800000000	32463436084	2.46

资料来源：中国商务部公共商务信息数据库。

（五）进口比重

与出口情况类似，中国"个人、文化和娱乐服务"进口额在中国传媒类服务进口总额中的地位也不重要。最低的 2013 年仅为 0.35%，最高的 2017 年为 5.50%，尚未突破 6.00%（见表 5）。

表 5　中国"个人、文化和娱乐服务"进口额占中国传媒类
服务进口总额比重变化情况

单位：美元，%

年份	中国"个人、文化和娱乐服务"进口额	中国传媒类服务进口总额	比重
2011	500000000	19050246344	2.62
2012	100000000	21692160885	0.46
2013	100000000	28757080000	0.35

年份	中国"个人、文化和娱乐服务"进口额	中国传媒类服务进口总额	比重
2014	200000000	33561800000	0.60
2015	1900000000	35331053466	5.38
2016	2100000000	38817187423	5.41
2017	2800000000	50913622494	5.50

资料来源：中国商务部公共商务信息数据库。

二　竞争力评价

（一）中国"个人、文化和娱乐服务"的贸易竞争力指数（TCI）

据测算，2011～2012 年，中国"个人、文化和娱乐服务"的 TCI 由 -0.67 涨至 0.71，而后在正值区间维持到 2014 年，接着降至 2017 年的 -0.56。说明此服务总体而言不具备国际竞争优势，处于竞争劣势地位，并且竞争能力有所下降（见表 6）。

表 6　中国"个人、文化和娱乐服务"TCI 变动情况

年份	2011	2012	2013	2014	2015	2016	2017
TCI	-0.67	0.71	0.78	0.64	-0.46	-0.50	-0.56

资料来源：中国商务部公共商务信息数据库。

（二）中国"个人、文化和娱乐服务"的显示性比较优势指数（RCA）

中国"个人、文化和娱乐服务"的 RCA 由 2011 年的 0.25 涨至 2017 年的 5.12。说明其国际竞争力有提升趋势（见表 7）。

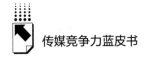

表 7 中国"个人、文化和娱乐服务"RCA 变动情况

年份	2011	2012	2013	2014	2015	2016	2017
RCA	0.25	1.64	1.73	1.54	1.43	1.40	5.12

资料来源：联合国商品贸易统计数据库和中国商务部公共商务信息数据库。

（三）中国"个人、文化和娱乐服务"的净出口显示性比较优势指数（NXRCA）

中国"个人、文化和娱乐服务"的 NXRCA 由 2011 年的 – 0.02 上升至 2014 年的 0.04，而后下降到 2017 年的 – 0.03。说明其国际竞争力略有提升但又难以持续（见表 8）。

表 8 中国"个人、文化和娱乐服务"NXRCA 变动情况

年份	2011	2012	2013	2014	2015	2016	2017
NXRCA	– 0.02	0.03	0.01	0.04	– 0.03	– 0.03	– 0.03

资料来源：中国商务部公共商务信息数据库。

（四）中国"个人、文化和娱乐服务"的多指数比较

综合多指数比较的情况，中国"个人、文化和娱乐服务"的各指数变动情况表现基本一致，表现为缺乏国际竞争力，但是略有上升趋势（见图 1）。

三 中国"个人、文化和娱乐服务"的国际竞争力小结

（一）中国"个人、文化和娱乐服务"的国际竞争力较弱

无论是从国际市场占有率还是从贸易逆差，或是从竞争力评价指

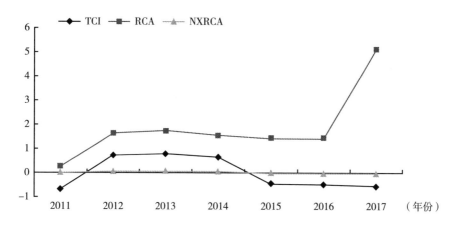

图 1　中国"个人、文化和娱乐服务"的多指标比较

资料来源：中国商务部公共商务信息数据库。

标来看，均反映了中国"个人、文化和娱乐服务"的国际竞争力不强，中国处于国际竞争中的劣势地位。

（二）中国"个人、文化和娱乐服务"在中国传媒类服务中不占重要位置

从传媒类服务竞争力发达国家的经验看，"个人、文化和娱乐服务"一般在该国传媒类服务出口中占重要位置，但中国的"个人、文化和娱乐服务"在中国传媒类服务中的地位不是很重要，出口额占比尚未超过 5%。

（三）中国"个人、文化和娱乐服务"国际竞争力改善迹象微弱

从更长时段看，中国"个人、文化和娱乐服务"的国际竞争力仍十分弱，且在短期内很难有大的改变。

企 业 篇

Research on Chinese Cultural Enterprises

B.10
中国文化企业国际竞争力研究报告

汤茜草　蒋龙九鼎*

摘　要：　从竞争主体的角度来看，文化企业是传媒国际竞争力的重要维度，本报告主要从文化企业的经营业绩表现方面对中国文化企业的国际竞争力进行比较分析，得出中国文化企业国际竞争力整体落后于发达国家、中国文化企业国际竞争力提升幅度大等结论。

关键词：　文化企业　经营业绩　国际竞争力

---

* 汤茜草，广西师范大学政治与公共管理学院副教授，上海交通大学工商管理博士后流动站博士后；蒋龙九鼎，上海理工大学出版印刷与艺术设计学院新闻传播学专业硕士研究生。

一 数据标准与来源

文化企业数据主要源自毕威迪公司（Bureau van Dijk，BvD）的Orbis 数据库，BvD 是欧洲著名的全球金融与企业资信分析数据库电子提供商，同时也是欧洲最大的企业资信分析数据提供商，拥有欧洲1000 多万家企业的资信分析库、全球并购交易分析库并广泛地为欧美等地的金融与教育机构长期订购使用。Orbis 提供全球各国主要公司的详细财务经营报表与分析比率、股权结构、企业评级、历年股价系列、企业行业分析报告等投资分析数据及各公司未来收益预期数据（含中国深/沪及海外公司数据）。本部分采用 NACE Rev. 2（Primary codes only）文化企业分类标准（见表1）。

表 1　国际文化企业数据来源的产业类别

NACE 代码/NACE Rev. 2	产业类别
18	印刷和复制、录制
581	出版书籍、期刊等
591	电影、录像和电视节目活动
592	录音和音乐出版活动
601	无线电广播
602	电视节目和广播活动
731	广告
90	创意、艺术和娱乐活动

文化企业的研究主要根据 Orbis 数据库，统计全球共计1170 个国家或地区的文化企业数据，大约有41 个国家或地区的文化企业进入系统，因此本报告共统计和研究这41 个国家或地区的传媒产业国际竞争力。

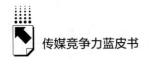

二 2019年文化类公司世界500强总体情况

（一）世界上市的文化公司TOP10

从表2可以看到，在世界文化企业2019年总收入的前十名中，美国公司占据了7席，法国占据1席，百慕大占据1席，英国占据1席。排名第一的文化企业为美国迪士尼公司，2019年总收入为695.7亿美元；排名第二的为特许通讯公司，2019年总收入为457.64亿美元；排名第三的为NBC环球媒体公司，2019年总收入为340.21亿美元；排名第四的为美国的维亚康姆CBS公司，2019年总收入为278.12亿美元。TOP10中的一家法国文化企业为阳狮集团，2019年总收入约为123.60亿美元。海尔电器与阿里TV以及暴风影音合作，在电视业中动作很大，进入世界TOP10，然而其注册地在百慕大，故在此处没有归入中国企业。

表2 2019年世界上市的文化公司TOP10

单位：千美元

排名	公司名称	注册国家	2019年总收入
1	迪士尼	美国	69570000
2	特许通讯	美国	45764000
3	NBC环球媒体	美国	34021000
4	维亚康姆CBS	美国	27812000
5	宏盟集团	美国	14953700
6	维亚康姆	美国	12838000
7	碟型网络	美国	12807684
8	阳狮集团	法国	12359645
9	海尔电器	百慕大	11661557
10	自由全球	英国	11541500

　　以进入世界500强的公司数量做比较，排在前10名的国家或地区依次为日本、英国、美国、中国、澳大利亚、韩国、德国、意大利、中国香港、法国。从表3看，世界文化企业500强中，日本文化企业最多，有82家公司进入世界500强名单，占16.40%；其次是英国文化企业，共有69家公司进入世界500强名单，占比13.80%；美国文化企业共有65家进入世界500强名单，占比13.00%。13个国家或地区进入世界500强名单的公司数超过了10家（见表3）。

表3　2019年世界文化企业500强的区域分布

单位：家，%

注册国家（地区）	频数	百分比	累计百分比
日本	82	16.40	16.40
英国	69	13.80	30.20
美国	65	13.00	43.20
中国	36	7.20	50.40
澳大利亚	32	6.40	56.80
韩国	23	4.60	61.40
德国	19	3.80	65.20
意大利	19	3.80	69.00
中国香港	18	3.60	72.60
法国	16	3.20	75.80
加拿大	14	2.80	78.60
新西兰	12	2.40	81.00
泰国	9	1.80	85.00
瑞典	7	1.40	86.40
百慕大	6	1.20	87.60
瑞士	6	1.20	88.80
芬兰	6	1.20	90.00
印度尼西亚	4	0.80	90.80

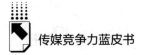

续表

注册国家(地区)	频数	百分比	累计百分比
开曼群岛	4	0.80	91.60
挪威	4	0.80	92.40
哥伦比亚	3	0.60	93.00
西班牙	3	0.60	93.60
荷兰	3	0.60	94.20
新加坡	3	0.60	94.80
中国台湾	3	0.60	95.40
越南	3	0.60	96.00
奥地利	2	0.40	96.40
巴西	2	0.40	96.80
以色列	2	0.40	97.20
墨西哥	2	0.40	97.60
葡萄牙	2	0.40	98.00
沙特阿拉伯	2	0.40	98.40
阿根廷	1	0.20	98.60
比利时	1	0.20	98.80
巴哈马	1	0.20	99.00
爱沙尼亚	1	0.20	99.20
埃及	1	0.20	99.40
波兰	1	0.20	99.60
斯洛伐克	1	0.20	99.80
南非	1	0.20	100.00

按 NACE Rev. 2（Primary codes only）全球产业分类标准中传媒产业细分，传媒产业共分为以下几个领域：印刷和复制、录制，出版书籍、期刊等，电影、录像和电视节目活动，录音和音乐出版活动，无线电广播，电视节目和广播活动，广告，创意、艺术和娱乐活动。进入世界文化企业 500 强的公司中，以印刷和复制、录制为主业的媒

体公司共112家，占比22.4%，出版书籍、期刊等的公司共109家，占比21.8%。500强名单中，录音和音乐出版活动公司最少，共5家，占比仅为1.0%（见表4）。

表4 2019年世界文化企业500强的行业分布

单位：家，%

行业	频数	百分比	累计百分比
印刷和复制、录制	112	22.40	22.40
出版书籍、期刊等	109	21.80	44.20
电影、录像和电视节目活动	55	11.00	55.20
录音和音乐出版活动	5	1.00	56.20
无线电广播	16	3.20	59.40
电视节目和广播活动	88	17.60	77.00
广告	93	18.60	95.60
创意、艺术和娱乐活动	22	4.40	100.00
总　计	500	100.00	

（二）年收入分布

根据表5统计数据，世界文化企业2019年总收入呈正态分布，收入超过百亿美元的公司仅有17家，占比为3.40%；收入超过50亿美元的公司合计只有24家，占比4.80%；收入低于等于1亿美元的公司合计有100家，占比20.00%；收入低于等于7000万美元的公司仅有20家，占比4.00%；大多数500强文化企业的总收入在1亿美元到50亿美元之间，合计376家，占比75.20%；年收入在1亿美元到2亿美元的文化企业最多，有139家，占比27.80%。进入世界文化企业500强的最低门槛为年收入6688万美元。

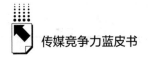
表5　世界文化企业 500 强的 2019 年总收入分布

单位：家，%

2019 年总收入	频数	百分比	累计百分比
收入≤7000 万美元	20	4.00	4.00
7000 万美元＜收入≤1 亿美元	80	16.00	20.00
1 亿美元＜收入≤2 亿美元	139	27.80	47.80
2 亿美元＜收入≤5 亿美元	110	22.00	69.80
5 亿美元＜收入≤50 亿美元	127	25.40	95.20
50 亿美元＜收入≤100 亿美元	7	1.40	96.60
收入＞100 亿美元	17	3.40	100.00
总　计	500	100.00	

（三）市值 TOP10

世界文化企业 2019 年市值前十名中，美国公司占据了 8 席，法国占据 1 席，英国占 1 席。前三名均是美国公司，排名第一的文化企业为美国迪士尼公司，2019 年市值为 1939.84 亿美元，远超排名第二的特许通讯公司（市值为 1481.88 亿美元）。排名第三为 NBC 环球媒体，2019 年市值高达 830.48 亿美元。

（四）净利润分布

根据表 6 统计数据，世界文化企业 500 强中 2019 年净利润低于等于 5000 万美元的公司占比 80.4%，共计 402 家公司。仅有 16 家公司的净利润超过 10 亿美元，有 37 家公司的净利润超过 2 亿美元，合计 74 家公司超过 1 亿美元。

表 6　世界文化企业 500 强的 2019 年净利润分布

单位：家，%

2019 年净利润	频数	百分比	累计百分比
净利润≤0	0	0.00	0.00
0＜净利润≤500 万美元	200	40.00	40.00
500 万美元＜净利润≤5000 万美元	202	40.40	80.40
5000 万美元＜净利润≤1 亿美元	24	4.80	85.20
1 亿美元＜净利润≤2 亿美元	37	7.40	92.60
2 亿美元＜净利润≤10 亿美元	21	4.20	96.80
净利润＞10 亿美元	16	3.20	100.00
总　　计	500	100	

三　中国文化企业的国际比较

1. 中国文化企业世界500强入围名单

入围世界文化企业 500 强的中国文化企业共 30 家，万达电影控股有限公司最靠前，2019 年以约 21.67 亿美元的总收入，在世界排名第 59 名。湖南芒果优秀传媒有限公司 2019 年以约 17.84 亿美元的总收入，在世界排名第 69 名。广东广告集团股份有限公司 2019 年以约 14.76 亿美元的总收入，在世界排名第 82 位（见表 7）。

由于印刷原材料企业的生产模式和其他文化企业不同，故在排名中隐去。

表 7　2019 年世界文化企业 500 强的中国公司名单

单位：千美元

世界排名	公司名称	2019 年总收入
59	万达电影控股有限公司	2166844
69	湖南芒果优秀传媒有限公司	1783735
82	广东广告集团股份有限公司	1475927

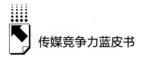

续表

世界排名	公司名称	2019 年总收入
87	中国电影股份有限公司	1306086
89	新华文轩出版传媒股份有限公司	1274421
92	安徽新华传媒股份有限公司	1264813
98	完美世界股份有限公司	1158853
105	江苏广播有线信息网络股份有限公司	1098062
114	南方出版传媒股份有限公司	946316
122	佳兆业科技集团有限公司	793445
125	北京巴士传媒股份有限公司	745508
161	广东电声市场营销股份有限公司	462867
170	汕头东风印刷股份有限公司	450559
179	北京启迪传奇影视传媒有限公司	406188
181	浙江华策影视股份有限公司	395611
182	浙江横店文化娱乐有限公司	390675
189	宋城演艺发展股份有限公司	369239
206	北京赛恩奥尼文化传媒有限公司	305062
207	广州金义印刷有限公司	304024
220	河南济世文化传媒有限公司	279494
223	中信出版集团股份有限公司	273222
254	东港股份有限公司	212917
281	西安环球印务股份有限公司	178372
297	上海泰坦科技股份有限公司	163913
316	上海纳尔实业有限公司	145870
321	广东腾业科技有限公司	143989
322	广东南方新媒体股份有限公司	143844
332	思维集团有限公司	137413
400	广东广州日报传媒股份有限公司	100094
446	四川东方宇图信息技术有限公司	82559

注：此处隐去原材料公司。

2. 年收入

从进入世界 500 强的中国文化企业的 2019 年收入分布看，总收入在 2 亿美元到 5 亿美元之间的公司比例最高，共 13 家，占比 36%。而在美国文化企业中，总收入在 5 亿美元到 50 亿美元的比例最高，为 37 家，占比 56.92%。并且中国文化企业只有 1 家超过 50 亿美元的公司，而美国有 11 家文化企业 2019 年总收入超过百亿美元，共 15 家文化企业超过 50 亿美元（见表 8）。

表 8　中国文化企业的 2019 年总收入分布

单位：家，%

2019 年总收入	中国		美国		日本	
	频数	百分比	频数	百分比	频数	百分比
收入≤7000 万美元	0	0	1	1.54	1	1.22
7000 万美元＜收入≤1 亿美元	2	6	0	0.00	19	23.17
1 亿美元＜收入≤2 亿美元	8	22	6	9.23	38	46.34
2 亿美元＜收入≤5 亿美元	13	36	6	9.23	12	14.63
5 亿美元＜收入≤50 亿美元	12	33	37	56.92	12	14.63
50 亿美元＜收入≤100 亿美元	0	0	4	6.15	0	0.00
收入＞100 亿美元	1	3	11	16.92	0	0.00
总　　计	36	100	65	100.00	82	100.00

3. 行业分布比较

入围世界 500 强的中国文化企业中，来自印刷和复制、录制的公司数量最多，共 11 家；来自电视节目和广播活动的公司共 8 家，占比 11.00%；来自无线电广播的没有公司入围。相较于美国和日本，印刷和复制、录制的公司中日本入围的公司最多，共 22 家，中国仅 11 家，美国仅 14 家；广告行业美国入围的公司最多，有 25 家，中国仅 3 家，日本仅 11 家；出版书籍、期刊等行业中，中国和美国公司数量相当，都为 6 家，日本为 21 家（见表 9）。总体而言，中、

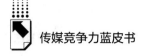

美、日三国的行业结构存在差异，美国文化企业以广告为主，中国文化企业以印刷和复制、录制的公司为主，日本文化企业以印刷和复制、录制为主。

表9 中国文化企业的行业分布

单位：家，%

行业	中国		美国		日本	
	频数	百分比	频数	百分比	频数	百分比
印刷和复制、录制	11	20.00	14	25.45	22	40.00
出版书籍、期刊等	6	5.50	6	5.50	21	19.27
电影、录像和电视节目活动	7	6.25	5	4.46	5	4.46
录音和音乐出版活动	0	0	0	0	0	0
无线电广播	0	0	8	0	0	0
电视节目和广播活动	8	11.00	21	23.86	3	3.41
广告	3	3.23	25	26.88	11	11.83
创意、艺术和娱乐活动	1	4.55	0	0	6	27.27

4. 市值TOP10

入围世界500强的中国文化企业中，市值第一的是万达电影控股有限公司，2019年市值约为37.91亿美元，远远低于世界排名第一的文化企业美国迪士尼公司（见表10）。

由于印刷原材料企业的生产模式和其他文化企业不同，故在排名中隐去。

表10 中国文化企业市值TOP10

单位：千美元

排名	公司名称	2019年总市值
1	万达电影控股有限公司	3791052
2	湖南芒果优秀传媒有限公司	2444283
3	广东广告集团股份有限公司	1253818

排名	公司名称	2019 年总市值
4	北京数字连接科技有限公司	869522
5	南方出版传媒有限公司	3120919
6	中国电影股份有限公司	2470089
7	新华文轩出版传媒股份有限公司	2193288
8	安徽新华传媒股份有限公司	2014494
9	完美世界股份有限公司	2380048
10	江苏广播有线信息网络股份有限公司	4663320

注：此处隐去原材料公司。

5. 净利润分布比较

从进入世界500强的中国文化企业的净利润分布看，其基本上呈正态分布，中等水平的公司最多，22家中国文化企业的净利润在500万美元到5000万美元之间，占比59.46%；8家公司净利润在1亿美元到2亿美元之间，占比21.62%；而净利润低于等于500万美元的公司和高于2亿美元的公司较少，均只有2家。而美国净利润较高的文化企业较多，净利润超过1亿美元的公司共87家，占比78.38%。日本文化企业总体上净利润较低的公司数量较多，净利润在0到500万美元的公司有48家，占比54.55%；净利润在500万美元到5000万美元的公司有36家，占比40.91%（见表11）。

表11 世界文化企业500强2019年净利润分布

单位：家，%

2019 年净利润	中国		美国		日本	
	频数	百分比	频数	百分比	频数	百分比
净利润≤0	0	0	0	0	0	0
0＜净利润≤500 万美元	2	5.41	8	7.21	48	54.55
500 万美元＜净利润≤5000 万美元	22	59.46	10	9.01	36	40.91

2019 年净利润	中国		美国		日本	
	频数	百分比	频数	百分比	频数	百分比
5000 万美元 < 净利润 ≤ 1 亿美元	3	8.11	6	5.41	3	3.41
1 亿美元 < 净利润 ≤ 2 亿美元	8	21.62	6	5.41	1	1.14
2 亿美元 < 净利润 ≤ 10 亿美元	2	5.41	74	66.67	0	0
净利润 > 10 亿美元	0	0	7	6.31	0	0
总　计	37	100.00	111	100.00	88	100.00

四　中国文化企业的国际竞争力变化趋势

1. 中国文化企业入围世界500强数量变化

从表12可以看出，入围世界500强的公司主要来源地是相对稳定的，只有中国、美国、日本、英国入围世界500强的公司数量变化相对较大。中国企业由2015年的46家上涨至2017年的178家，然后下降到2019年的36家。日本企业由2015年的77家下降到2017年的65家再上涨到2019年的82家。英国企业由2015年的68家下降到2017年的36家再上涨到2019年的69家。美国企业由2015年的71家下降到2017年的65家再上涨到2018年的98家再下降到2019年的65家。

表 12　世界文化企业 500 强的区域分布

单位：家

注册国家（地区）	2019 年数量	同期数量变化	2018 年数量	2017 年数量	2016 年数量	2015 年数量
日本	82	↑20	62	65	79	77
英国	69	↑20	49	36	54	68
美国	65	↓33	98	65	72	71
中国	36	↓76	112	178	64	46

续表

注册国家（地区）	2019 年数量	同期数量变化	2018 年数量	2017 年数量	2016 年数量	2015 年数量
澳大利亚	32	↑17	15	11	18	18
韩国	23	↑12	11	10	12	15
德国	19	↑2	17	19	23	19
丹麦	19	↑18	1	1	2	3
意大利	19	↑4	15	14	17	21
中国香港	18	↑15	3	2	4	4
法国	16	↓6	22	19	31	31
加拿大	14	↑5	9	11	13	14
新西兰	12	↑11	1	1	1	2
泰国	9	↑9	0	0	0	1
瑞典	7	↑3	4	3	5	6
百慕大	6	↑4	2	1	4	6
瑞士	6	↑2	4	3	5	5
芬兰	6	↑3	3	2	3	3
印度尼西亚	4	↑3	1	1	2	2
开曼群岛	4	↑3	1	1	1	1
挪威	4	↑1	3	3	5	3
哥伦比亚	3	↑2	1	1	1	1
西班牙	3	↓8	11	13	16	16
荷兰	3	↓1	4	5	8	6
新加坡	3	↓2	5	3	3	4
中国台湾	3	↑2	1	1	1	1
越南	3	↑3	0	0	0	0
巴西	2	—	2	2	6	5
以色列	2	↑2	0	1	2	1
墨西哥	2	↓2	4	5	4	4
葡萄牙	2	↑1	1	1	1	1
沙特阿拉伯	2	↑1	1	0	1	1
阿根廷	1	↑1	0	1	1	1

续表

注册国家（地区）	2019 年数量	同期数量变化	2018 年数量	2017 年数量	2016 年数量	2015 年数量
奥地利	1	↑1	0	0	1	0
比利时	1	↓4	5	4	4	5
巴哈马	1	↑1	0	0	0	0
爱沙尼亚	1	↑1	0	0	0	0
埃及	1	↑1	0	0	0	0
波兰	1	↓2	3	0	2	5
斯洛伐克	1	↑1	0	0	0	0
南非	1	—	1	2	4	2
总计	500		500	500	500	500

2. 中国文化企业 TOP10 世界排名变化

从表 13 可以看出，中国文化企业的成长速度较快，竞争力明显得到提升。

表 13　中国文化企业 TOP10 的世界排名变化

2019 年世界排名	2019 年中国文化企业 TOP10	相比上一年度排名变化	2018 年世界排名	2017 年世界排名	2016 年世界排名	2015 年世界排名
59	万达电影控股有限公司	↑87	146	167	116	109
69	湖南芒果优秀传媒有限公司	↑104	173	201	140	131
82	广东广告集团股份有限公司	↑126	208	240	186	159
87	中国电影股份有限公司	↑141	228	264	185	173
89	新华文轩出版传媒股份有限公司	↑134	223	268	188	175

续表

2019 年 世界排名	2019 年中国文化 企业 TOP10	相比上一年 度排名变化	2018 年 世界排名	2017 年 世界排名	2016 年 世界排名	2015 年 世界排名
92	安徽新华传媒股份有限公司	↑144	236	271	191	178
98	完美世界股份有限公司	↑153	251	296	209	<500
105	江苏广播有线信息网络股份有限公司	↑163	268	310	223	205
114	南方出版传媒有限公司	↑184	298	345	248	229
122	佳兆业科技集团有限公司	↑221	343	<500	280	<500

五 中国文化企业竞争力的研究总结

根据以上对中国文化企业世界排名的分析，可以得到以下结论。

1. 中国文化企业经过大浪淘沙留下强者

从入围世界文化企业 500 强的公司数量来看，中国文化企业的数量较前两年大幅下降，但是中国文化企业 TOP10 的排名又大幅跃升。经过大浪淘沙去粗取精，留下来的都是强者。

2. 中国文化企业竞争力整体落后发达国家

从进入世界文化企业 500 强的中国文化企业的 2019 年年收入分布看，总收入在 2 亿美元到 5 亿美元之间的公司比例最高，共 13 家，占比 36%。中国文化企业只有 1 家年收入超过 50 亿美元的公司，而美国有 11 家文化企业 2019 年总收入超过百亿美元，共 15 家超过 50 亿美元。2019 年世界排名最高的中国文化企业是万达电影控股有限公司，在世界文化企业排行榜中仅为第 59 位，进入世界百强的中国

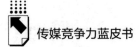

文化企业仅有7家，世界文化企业的 TOP20 基本被欧、美、日等发达国家占据。总体而言，中国文化企业的国际竞争力总体上落后于发达国家。

3. 中国文化企业国际竞争力提升幅度大

中国文化企业的成长速度较快，竞争力明显得到提升，2019年万达电影控股有限公司在排行榜中占据第59位。中国文化企业 TOP10 中各个公司的排名基本均呈上升的趋势，其中佳兆业科技集团有限公司提升速度最快，2015年世界排名低于500位，2019年则提升至第122位。

4. 中国缺乏龙头文化企业

入围世界文化企业500强的中国文化企业中，市值第一的是万达电影控股有限公司，2019年市值约为37.91亿美元。中国文化企业只有一家年收入超过50亿美元的公司，而美国有11家文化企业2019年的总收入超过百亿美元，共15家超过50亿美元。截至2019年，中国依旧缺乏具有世界影响力的龙头文化企业。

案 例 篇
Cases Reports

B.11
新媒体时代城市形象短视频营销研究

熊慧敏*

摘　要： 当前，短视频凭借其独有的动态视觉冲击力成为营销"宠儿"。其中，以抖音为代表的短视频平台出现了西安、成都等网红城市，通过短视频比以往通过电视宣传片来进行城市营销成效更显著，更多的城市在借助短视频迅速出圈。本研究旨在用对比分析法探讨短视频在城市营销中的效果。通过横向和纵向的对比，探析传统媒体时代与新媒体时代城市营销的不同、新媒体时代官方与自媒体利用短视频进行城市营销的差别，由此来为短视频城市营销研究添砖加瓦，为利用短视频进行城市营销提出建设性意见。

---

* 熊慧敏，上海交通大学媒体与传播学院硕士研究生。

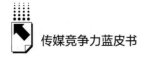
关键词: 抖音 短视频 城市营销

自 2017 年始，短视频迎来发展热潮。快手、抖音等短视频应用一度成为大众的线上娱乐首选。不少传统媒体也纷纷加入短视频的"大战"，试图在纸媒逐渐式微的新媒体时代，重新扎根，争获年轻受众。从字面意义上看，短视频是与长视频相对的、碎片化的、阅读起来毫无压力感的视频类型。时间短、内容"开门见山"是短视频的独有特点。以音乐视频为定位的抖音为例，脍炙人口的背景音乐、长度为几秒至十几秒不等的视频内容、一划即过的浏览方式等的组合，成功俘获了近 5 亿人的心。

而伴随着短视频的发展，城市形象的塑造与营销出现了新的方式与新的内容。借助短视频这一形式，不少城市获得了相较于传统媒体时代更高的曝光率与关注度。在这个"人人都是电视台"的时代，短视频已成为生活的必备品。不少年轻人更是因为在短视频当中看到了城市景色与美食，从而激发了去当地旅游的欲望。可以说，短视频带来了城市营销的第二春。

因此，基于以上的研究背景，本文将以抖音平台相关短视频为例对新媒体视域下短视频城市营销效果进行研究。

首先，从理论方面出发，城市营销指的是把城市的发展当成一个企业的发展与成长的过程。① 将城市作为一个商品或者产品来进行营销，关注城市的生态环境、历史风俗、公共服务等方面的资源，以达到吸引更多的人前来享受城市的美食、购买商品等的目的。城市营销

---

① 《"城市营销"的概念源于西方的"国家营销"理念》，https：//baike. sogou. com/v7952003. htm？fromTitle = % E5% 9F% 8E% E5% B8% 82% E8% 90% A5% E9% 94% 80。

其实就是对"城市"这个产品进行介绍，将其推销出去。而靠什么营销、传递什么样的城市形象就成为城市营销成功与否的关键。在历经了传统媒体时期、自媒体图文阶段之后，城市营销目前迎来了短视频阶段。因此，本文将对传统媒体时代的城市形象宣传片和现阶段的短视频城市宣传片进行对比，以及将西安相关的抖音自媒体短视频账号与官方账号进行对比，以期较为全面地认识短视频城市营销效果。

其次，从实践的层面上看，该研究皆在通过对新媒体视域下短视频城市营销效果的理论研究，找到目前短视频城市营销存在的不足与缺陷，从而对症下药，在方法论上对短视频城市营销给出自己的建议措施，以更好地迎接来自5G时代的挑战。

一　文献综述

短视频始于2017年，而抖音上的"网红之城"则于2018年出现，西安市政府更是与抖音签订协议，以期通过官方的合作推动西安的旅游文化发展与城市形象塑造。据笔者收集到的相关资料，当前存在的关于短视频与城市营销的对比研究较少。陈宇宏认为抖音里的"网红城市"出现是城市营销意识的觉醒，应将城市在抖音中获得的"关注红利"变为长久的发展动力，而不局限在"网上火一把"。[①] 短视频与城市关联的研究主要集中在短视频对城市形象的建构与传播方面。王勇安和杨忠杨认为抖音自身具备的采用算法推送、拥有音乐资源库、用户活跃度高等优势为城市形象的建构奠定了基础。[②] 刘琳从接受美学理论出发，探索短视频对城市形象传播的优势

---

① 陈宇宏：《"网红城市"的营销觉醒》，《西部大开发》2018年第8期。

② 王勇安、杨忠杨：《移动短视频和城市形象建构传播的关系——以抖音 App 宣传西安为例》，《长安大学学报》（社会科学版）2019年第1期。

与存在的问题。① 李文甫和龚小浅则关注城市空间的重塑，认为短视频为城市带来了更多的想象空间，为城市形象构建提供了新路径。② 杨迎春从短视频的本身性质——视听影像——出发，认为短视频的出现为城市形象的传播改观、为城市人文与文化的传播带来生机。③

上述研究成果已经有了明确的研究结论，即抖音短视频的宣传给西安的旅游收入带来了实际的效用。简而言之，抖音短视频对于城市营销的作用不言而喻。但在目前的研究中还缺少对比研究，缺少传统与新媒体的纵向对比，缺少官方与民间的横向对比。因而本文将针对目前研究中的空缺进行创新，通过对比来探究抖音短视频的城市营销价值，为短视频城市营销添砖加瓦。

二　研究内容与方法

本文的研究内容将分为三个方面。第一，简述传统媒体时代的城市营销的主要载体——城市宣传片的作用，以及电视城市宣传片在新媒体时代的不足以及式微的原因，即将传统媒体时代与新媒体时代进行一个纵向的对比，来突出新媒体时代短视频城市营销的优点。第二，结合西安当地相关部门发布的数据报告，以及抖音应用上关于西安的自媒体与官方账号发布的视频的内容、获赞量，进行横向的对比，来说明在短视频领域，是自媒体更胜一筹还是官方账号运筹帷幄。第三，分析近几年西安在短视频平台爆火的内容，对这些内容进

① 刘琳：《接受美学视阈下的短视频城市形象传播探究——以抖音 App 为例》，《传播力研究》2019 年第 27 期。
② 李文甫、龚小浅：《短视频对重庆城市空间的再造与传播》，《青年记者》2019 年第 11 期。
③ 杨迎春：《抖音中的城市：影像书写与文化表达》，《人民论坛》2019 年第 24 期。

行解读，结合前面的对比，找出西安在短视频城市营销中的不足，并针对不足提出建设性的意见与建议。

三 从电视城市宣传片到抖音短视频
——城市营销的流变

（一）简析城市营销的三个阶段——以营销渠道作为分类标准

传统媒体时代的城市营销主要是通过电视城市宣传片来开展的，观众对于从未去过的城市的主要印象也是从城市宣传片得来的。因而，在传统媒体时代，在网络视频并未普及盛行的时代，城市宣传片便担当了城市营销的大任，成为公众了解一座城市的窗口。在这一阶段，城市营销的幕后推手主要是当地政府。公众则通过报纸上的媒体报道、电视上的城市宣传片来了解城市。这一时期，各大城市争相在主流媒体上提升曝光度，典型的就是央视的"好客山东"广告。虽然在传统媒体时代，涌现了一大批优秀的城市宣传片，但也存在千篇一律的情况，每一部城市宣传片中都是高楼大厦、绿化鲜花、车水马龙，千万座城最后都成了"一座城"。

伴随着科技的发展与智能手机的普及，城市营销进入自媒体的图文阶段，典型的例子就是各类微信公众号、搜狐号、百家号等自媒体，个人拥有了更多的话语权。以微信公众号为例，受众通过主动订阅与搜索来获知相关信息。这一时期，城市营销更为多元化，公众接收的信息、自身的选择性也趋向于多样。但美中不足的是，这一时期，一些介绍当地的美食、风俗、文化的自媒体账号往往只被本地人关注，难以将影响扩大到全国。

随着流量资费的下降以及上网速度的提升，信息的主要承载形式被视频所"包揽"。动态而非静态的画面呈现、直观的视觉冲击、碎片化等特点使得视频一度占据公众的娱乐时间。未来，在5G应用普及的背景下，视频这一信息承载形态将不断发力，成为公众生活中不可缺少的一部分。

在此情境下，城市营销进入短视频阶段，更具体、更生活化、更人性化。草根民众加入城市营销的内容生产，美食、城市经典、历史文化、方言等深入城市血液又最具城市代表性的内容得到了大量的传播。《短视频与城市形象研究白皮书》（以下简称《白皮书》）显示，以西安方言改编而来的《西安人的歌》为背景音乐的短视频播放量已超过25.9亿。[①] 不少公众通过这一首背景音乐熟知了西安方言。

与前一阶段相比，视频在讲述与记录故事方面具有更强的渲染能力，也更容易形成城市独特的个性。再者，以抖音为代表的短视频为城市营销提供了超越地域限制的平台。优质的城市营销内容得以在全国范围内分发，凭借抖音，西安也一跃成为爆火的"抖音之城"。

（二）城市宣传片式微，短视频城市营销效果显著

《白皮书》显示，当前我国的互联网普及率超过60%，移动互联网的使用持续在三、四线城市甚至是农村地区下沉和深化；到2020年的3月，手机网民数在国内飙升到9.04亿，手机上网的比例也创新高，达到了99.3%。[②] 手机上网成为上网的主要途径，智能手机的小屏也逐渐取代家庭的电视大屏成为受众接收信息的主要界面。据统计，2018年我国拥有12.8亿的城乡电视观众，人均每日收看电视的

[①] 抖音短视频、头条指数、清华大学国家形象传播研究中心城市品牌研究室：《短视频与城市形象研究白皮书》，2018年9月。

[②] 黄楚新：《从第45次〈中国互联网络发展状况统计报告〉看新媒体发展变化》，http://media.people.com.cn/n1/2020/0430/c14677-31694944.html。

时长为 125 分钟，① 而对比全球 94 个有收视调查的国家和地区，两者之差达到 50 分钟之多。由此，我国电视收视率呈现逐年下降的趋势，传统的城市宣传片已经无法触达更多的受众。

智能手机正逐步抢夺传统电视的受众尤其是年轻的受众群体。城市营销也在硬件发生变化的时期转战互联网平台。短视频的登台为新媒体时代的城市营销提供了新的路径，也使得城市能在短时间内迅速出圈。2019 年抖音数据报告显示，"大唐不夜城不倒翁"的相关视频播放量超 23 亿。这样的城市营销宣传效果传统媒体时代是难以企及的，在新媒体时代短视频一跃成为城市营销的新宠。

四 抖音账号官民话语对比

通过在抖音搜索"西安"相关官方政府认证的用户，得到的结果如表 1 所示（数据截至 2020 年 2 月 13 日）。

表 1 西安官方抖音账号情况

名称	粉丝数（个）	发文数（篇）	最早发文日期	点赞量（次）	内容
西安公安	26.8 万	88	2018 年 5 月 27 日	55.2 万	警察的工作、日常等
西安商务	13.6 万	514	2018 年 4 月 27 日	254.5 万	美食、景点
西安文旅之声	12.6 万	664	2018 年 3 月 27 日	83.8 万	景点、文化、美食
西安市钟鼓楼博物馆	5.5 万	322	2018 年 6 月 2 日	38.7 万	历史、文化
西安消防	133.2 万	126	2018 年 7 月 2 日	4128.1 万	消防知识、消防员生活日常

---

① 郑维东：《视频消费不破天花板》，https://lmtw.com/mzw/content/detail/id/177531/keyword_id/−1。

名称	粉丝数（个）	发文数（篇）	最早发文日期	点赞量（次）	内容
西安交警	37.0 万	283	2018 年 3 月 2 日	399.5 万	交通常识、交警工作日常
文明西安	11.5 万	430	2018 年 6 月 29 日	171.4 万	日常新闻

从表 1 中我们发现，除了"西安消防"拥有超百万的粉丝，西安官方的抖音账号粉丝数一般不超过 30 万，因此，西安官方抖音账号的影响力还需提高。

通过在抖音搜索"西安"相关民间短视频粉丝数超过 50 万的用户，得到的结果如表 2 所示（数据截至 2020 年 2 月 13 日）。

表 2　西安民间短视频抖音账号情况

名称	主攻内容	粉丝数（个）	发文数（篇）	最早发文日期	点赞量（次）	最高点赞量（次）
吃喝最西安	美食	138.2 万	217	2018 年 7 月 14 日	647.2 万	66.7 万
饭饭吃西安	美食	152.0 万	454	2018 年 6 月 7 日	1453.0 万	115.7 万
赛赛吃西安	美食	120.4 万	350	2018 年 11 月 24 日	1559.7 万	103.3 万
西安美食达人圈	美食	132.5 万	371	2018 年 4 月 14 日	766.2 万	86.8 万
歪果仁在西安	美食	369.8 万	507	2018 年 9 月 30 日	6548.0 万	155.3 万
吃喝西安	美食	87.1 万	296	2018 年 8 月 14 日	491.5 万	88.6 万
西安美食爆料	美食	74.1 万	193	2019 年 4 月 5 日	304.1 万	32.1 万
西安李姐	美食	105.6 万	400	2018 年 4 月 5 日	102.3 万	11.3 万
西安小玉	美食	74.0 万	542	2018 年 3 月 4 日	535.9 万	83.3 万
西安街拍	时尚	255.9 万	123	2018 年 7 月 17 日	130.2 万	7.8 万

从两个表格内容的对比可以看到，短视频民间账号的影响力要比官方的大。粉丝数超百万的官方抖音账号只有 1 个，而民间账号有 7 个。因此，官方的抖音账号还需持续加强内容创新，吸纳民间话语，

做大做强，成为展示西安形象的窗口。有关部门需要将主流话语与民间舆论场结合，将官方账号与草根内容结合，充分发挥抖音带来的平台与用户红利。

五　短视频在西安城市营销中的特点

（一）官方与民间共舞，城市形象更立体

在传统媒体时代，地方政府主要通过城市宣传片来营销城市。民众是被动的接受者，当地民众鲜有途径通过自身对本地城市进行"推销"，民间话语处于"沉默"的状态。而新媒体的出现赋予了公众极大的话语权。以往是麦克风处于"神坛"之上，如今是人人皆有麦克风，是一个全民皆媒的时代。

随着4G的普及、5G的兴起，视频这一媒介形式还将持续发力，成为主要的信息传播形式。视频本身所具有的视觉冲击力大、生动、形象等特点结合短视频的碎片化特征，使其更易传播、更易被人接受。抖音短视频契合了公众想要表达自我、展现自我的欲望，同时给予用户高度的自主性与更多的创造条件去拍摄与讲述自己的所见所闻。用户拍摄视频之后，利用抖音App中的各种滤镜、贴纸与特效，制作具有个人风格的短视频。用户不需要购买昂贵的拍摄装备，也不必有专业的剪辑技巧，各类便捷的视频剪辑软件的出现使得短视频不再成为"传媒人"的专属。相较于传统电视媒体宣传片的呈现，用户参与拍摄的短视频展现了更为鲜活立体的城市形象。

官方媒体从地方政府视角出发，虽然近年来做政务新媒体一直在强调"语态通俗化"，但还是难以避免在内容传播中的官方化。公众则从市井的角度出发，拍摄与展现他们生活中最普通、最平常的事物，而这也正是城市的灵魂所在。在抖音短视频搭建的舞台上，

官方与民间的共舞，使得城市的形象更为具体，城市营销更具有说服力。

（二）传统与现代结合，内容更具吸引力

一提到西安，人们脑海中涌现的便是充满历史感的长安、古城墙、兵马俑等。但历史的厚重感也造成了西安在城市营销中的刻板印象，使其形象趋于扁平化。短视频的出现则赋予了这些历史痕迹斑驳的文物或景点"新的生命"。

短视频的现代形式与历史景点、传统文化、经典美食的结合，催生了奇妙的内容生产力，让传统在新媒体时代依旧大放光彩。抖音短视频让毛笔酥、皮影戏等具有西安本地特色的传统美食与文化进入更多年轻人的视野。

2018年5月抖音举行"第一届文物戏精大会"，利用视频滤镜和动画特效等自主添加的个性化拍摄元素，将抖音平台流行的潮流元素与"年长"的国宝文物结合，进行年轻与新式的视觉化演绎，[①]原本严肃端正的历史文物"活"了起来。截至2018年5月21日，"文物活了"相关视频收获了超1.18亿的播放量，点赞量有650万，用户分享数更是达到了17万。与此同时，兵马俑则当起了酷酷的Rapper、唱起了满是历史韵味的"诡异"Rap，视频上线4天播放量即超1.18亿。[②] 文物成为新的大热IP。短小精悍的视频、搞笑诙谐的内容、焕然一新的形式，让原本沉寂在博物馆、静止在展台的文物成为"网红"。此外，通过人工智能技术设计的西安兵马俑、特色美食肉夹馍的抖音贴纸和滤镜等具有地方特色的短视频产品也相继出现。

---

① http：//news. xiancn. com/content/2018－05/23/content_ 3341667. htm.

② http：//news. lanzhou. cn/system/2018/08/06/011609815. shtml，2020年4月30日。

在城市营销中，有趣的、特色的本地内容是关键。以往的城市宣传片虽然抓住了本地特色，但内容上大而全，什么都想展示给受众，且以官方姿态讲述，难以突出亮点。而短视频短小，必须在短时间内突出内容重点。一个视频讲述一个点，更吸引人。

（三）内容主题过于集中，边界内容待开发

《白皮书》显示，在播放量前100的有关城市的视频中，有近4成的内容展示地方饮食文化。俗话说，民以食为天，美食也是最能展现一个地域特色的事物。加之拍摄美食的视频制作简单、门槛低，公众去某地旅游大多会接触到当地美食，因而美食相关视频成了热门内容。

但也正是美食类视频的低门槛导致了美食类视频的扎堆现象。短视频内容过于集中在某一领域，对于西安众多的城市可营销元素，显然没有进行全面的开发。因此，在西安未来的短视频城市营销中，扩大内容边界是主要的着力点。不仅有美食，更要将西安的皮影戏、历史景点以及人文素养等都用现代化的方式呈现，为世人展示一个立体化的西安。

六　不足与展望

本次研究的不足之处主要有两点。一是在官方和民间抖音账号的对比中，以"西安"为关键词进行搜索，可能会遗漏一些账号，影响对比的效果。二是只聚焦于对城市营销的主体和内容两个方面进行探究。除此之外，还存在其他影响短视频城市营销的因素如平台、技术等，还需要对此做进一步研究。

未来，随着5G正式投入商用，短视频将会成为一大主流应用。在泛视频化时代背景下，城市营销应抓住这次机遇，扩展营销内容的

边界，创新城市营销的形式，打造具有特色的城市品牌。可充分利用短视频平台提供的一切"红利"，如拍摄视频时可使用贴纸、道具、背景和地标等进行宣传，还可通过平台链接的电商进行城市特色产品、特色文化的销售与宣传。

B.12
"新神话"动画电影的创作与发展策略研究

刘妍言*

摘　要： 作为近年来国产动画电影的主流题材，几部新兴"新神话"动画电影国内票房大获成功，引得大量创作团队跟风。随着"新神话"动画电影市场的逐渐饱和与观众审美阈值的提高，创作者更应该把注意力放在内容创作方面。

关键词： 新神话　动画电影　国产动画

一　研究背景

源远流长的神话中有取之不尽、用之不竭的故事素材，已然成为中华民族的"公共IP"。神话故事依据不同时代人们的观念而不断变化着。叶舒宪先生在《再论新神话主义——兼评中国重述神话的学术缺失倾向》一文中，定义"新神话主义"为"文学作品和影视作品对古老神话传统的再发掘与再创造"①。近年来，国产电影市场上涌现了一批以"新神

---

* 刘妍言，上海交通大学上海交大—南加州大学文化创意产业学院硕士研究生。

① 叶舒宪：《再论新神话主义——兼评中国重述神话的学术缺失倾向》，《中国比较文学》2007年第4期。

话主义"为创作手段的动画电影，如《大圣归来》（2015）、《大鱼海棠》(2016)、《小门神》（2016）、《白蛇：缘起》（2019）、《哪吒之魔童降世》（2019）、《罗小黑战记》（2019）、《姜子牙》（2020）等。

从再造神话的方式着眼，可以将新神话主义创作大致划分为两种类型：其一是针对民族神话传统的某一特定题材的现代再创作；其二是综合提炼多种文化的神话资源，经过研究、筛选、融合、嫁接的化合作用，再造出一种不同于传统的新神话传统。[①] 在此，笔者定义这批以神话故事为题材或以神话元素为表现内容的动画电影为"新神话"动画电影。

笔者简单对"新神话"动画电影进行分类。

（一）神话改编型动画电影

此类电影通常对已有的神话原型进行再次创作。如《哪吒之魔童降世》《姜子牙》对《封神榜》中已有的人物形象在原来故事的基础上进行现代化改编。《大圣归来》更是只保留了原著《西游记》唐僧师徒四人的部分人设、大圣"大闹天宫"的前史和江流儿"和尚"的身份，对于大圣的性格、江流儿的人物形象都融入了原创性内容，进行再次演绎。

（二）神话元素型动画电影

1. 人物或故事有神话原型

影片直接沿用神话中的核心元素，但是并不以原有故事为基础，除了核心设定以外，其他故事情节均是原创。如在电影《小门神》中，主角门神直接沿用了神话故事中的门神形象和设定，同时融入了

[①] 叶舒宪：《再论新神话主义——兼评中国重述神话的学术缺失倾向》，《中国比较文学》2007 年第 4 期。

神界落败的现代化故事背景。

2. 人物或故事无具体神话原型

神话元素主要体现在世界观设定上，或体现在部分场景与服化道中化用了神话典故。如电影《罗小黑战记》以神话中"动物成精"的设定建构了以现代城市为背景的世界观。

不同于 20 世纪《大闹天宫》（1961）、《九色鹿》（1981）、《宝莲灯》（1999）等以神话故事和民间传说为题材展现的那批经典中国动画，2015 年后上映的"新神话"动画电影在创作策略与文化内涵上都更加贴近当代审美。

二 从天上到人间：角色塑造的转变与融合

（一）神的降格

以色列学者尤瓦尔·赫拉利在《人类简史》中提到智人之所以从万千物种中脱颖而出，成为地球的主宰者，是因为发展出了"集体想象——虚构故事的能力"。[①] 当古人以虚构的故事解释自然界中未知的事物，并将其归因于某种超自然能力的作用时，神话也就形成了。"神"作为控制日出日落、电闪雷鸣甚至生死轮回的操纵者，被赋予了高高在上、无所不能的形象。

随着现代科技的发展，古时的未解之谜逐渐被破译，人们对"神"的情感也经历了从远古时期"发自内心的尊崇敬畏"，到古代"用来求福禳灾"，[②] 再到当代泛娱乐化的展现。在人类社会的信息传

---

① 〔以色列〕尤瓦尔·赫拉利：《人类简史》，林俊宏译，中信出版社，2017，第 25 ~ 39 页。

② 马新、贾艳红、李浩：《中国古代民间信仰：远古——隋唐五代》，上海人民出版社，2010，第 63 页。

播秩序和社会关系建构中，精英施加的话语宰制趋向没落，多元协商、平等对话的时代正在到来。① 影视艺术的定位从旧时代的精英电影转型为当代的人民电影，与此同时，艺术创作也用"接地气"的方式获取观众更广泛的价值认同。因此，电影中"神"的降格不仅契合当代社会的发展历程，也是一种争取更高票房收入和更好口碑的手段。

近年来国产"新神话"动画电影对"神"形象的降格处理通常有以下三种方法。

1. 赋予"神"人性化特征

哪吒的师傅太乙真人在不同版本的"哪吒传说"中有着不同的形象，但无论是小说《封神演义》中的杀伐果决还是动画片《哪吒传奇》中的仙风道骨，都符合人们刻板印象中的神仙形象。然而，电影《哪吒之魔童降世》中太乙真人以"丑角"现身，满身肥肉，嗜酒如命，甚至马虎到混淆了"魔胎"和"灵胎"。但是，太乙真人依然担负起了神仙的责任，尽心培养一个注定成魔的孩子，并在关键时刻发挥了作用。观众往往喜爱与自己有相似特征的角色，赋予"神"人性化特征，尤其是呈现"神"一些讨喜的"小毛病"，用泛娱乐化的方式消解神性，更易被观众接受。

2. 神界阶层的平民化

新的神话反映了新的社会投影，那么新的神话题材类动画的故事背景也就必然需要进行重新设定。② 在传统神话故事中，神界的地位高高在上，神仙们拥有的法术技能赋予他们管控人间秩序的特权，神界之于人界更像是封建社会的贵族阶层之于平民阶层。封建王朝的覆灭已有100余年，现代社会遵循"人人平等"的价值观念使得新兴

---

① 胡百精：《互联网、公共危机与社会认同》，《山东社会科学》2016 年第 4 期。
② 赵洋：《神性重建与传统回归：当下神话题材类国产动画的叙事策略》，《当代动画》2018 年第 2 期。

国产"新神话"动画电影中对神界阶层的贵族属性也进行消解。在电影《小门神》中，神界已经被人们遗忘，各路神仙也像现代人一样面临着失业危机，为职业转型而苦恼。平民化的神界更像是人界的平行世界，两者不再具备从属关系。

3. 质疑"神"的权威性

此方法的使用还要慎重。电影《大鱼海棠》中，椿为了帮助鲲，挑战神界的规律，最终引发大洪水，冲毁家园，从根本上质疑了"神"的权威性。然而，《大鱼海棠》中的神界原本是温良无害的，人们遵守的规律更像是一种社会公序良俗的体现。椿为了一己之私，罔顾群体利益，做出挑战"神"的行为，并不能使大银幕前惯于守序的观众信服，因此对电影口碑也产生了影响。

在电影《姜子牙》中，姜子牙了解到九尾的祸国殃民竟然是他一直崇敬的师尊特意安排的。姜子牙陷入了对神界和自己信仰的怀疑中，观众们也开始思考"神"所谓"拯救天下苍生"的职责是否合理。然而电影最后通过"一个从未露面的师祖处罚了师尊"的方法来化解故事的主要矛盾，结局草率，虽然收获了16亿元人民币的票房，但是口碑一般。

（二）妖的同化

人类的想象力为自然万物赋予了灵性，但是人类对妖的情感较为复杂。首先，比起俯视众生的神，人类能够和同为血肉之躯、有着共通欲望的妖互相理解。其次，人类向往妖的特质，如超能力、倾国倾城的美貌等。然而，"非我族类，其心必异"，由兽、鬼修炼而成的妖在血脉深处保留的野性或邪佞又让人类对其怀有深深的恐惧和不信任。古代以"人妖恋"为题材的小说少有圆满结局，身为人类的一方一旦发现真相，便会与对方划清界限。

互联网的普及打破了沟通壁垒，当代人见识了更加多元的生活方

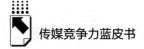

式。因此年轻一代观众对妖怪形象的接受也更加包容。新兴国产"新神话"动画电影也有一批以妖为主角，其中"妖"的形象逐渐被人类同化，具体展现在两个方面。

1. 性格行为的拟人化

艺术创作者在设计角色的行为动机时，主要基于自己的生活经验，因此会把妖怪的性格和行为代入人类。艺术接受者在观看时也会倾向于理解和自己有着同样逻辑思维、七情六欲的妖怪，因此妖在性格和行为方面的拟人化是观众喜闻乐见的。电影《白蛇：缘起》的主角小白如当代独立女性一样坚韧果敢、对爱情忠贞不渝。电影《罗小黑战记》的主角罗小黑同样天真勇敢、重视友谊。

2. 身份认同的亲人性

妖怪在身份认同上的亲人性化解了人类在潜意识中的防范心理。在电影《白蛇：缘起》中，小白受伤失忆，失去妖力，以为自己是个完完全全的人类，前期和许宣更是以同为人类的平等身份交流，后期为了保护人类村落，不惜背叛同族。电影《罗小黑战记》更是跳出只有古代才有妖怪的思维定式，把神话元素和当代生活情境有机结合：妖怪成为人类城市秩序的守护者，许多妖怪主动融入人类社会，从事各行各业的工作。

（三）人的升华

1. 精神特质的"神"化

"新神话"动画电影的主角依然保留了"神"的特质。他们具有和神相似的品行，如悲天悯人、舍己为人等，从而解救了普罗众生。

主角在故事的初始阶段都是和我们一样的常人，有着各自的缺陷和烦恼：电影《大圣归来》中大圣的狂躁抑郁，电影《哪吒之魔童降世》中哪吒的桀骜不驯，电影《白蛇：缘起》中小白只为了个人而奋斗……他们经历了一系列事件，内部和外部因素共同刺激他们成长，他们最终舍弃了小我，成就天下大爱：大圣从压抑度日到重新成为"齐天大圣"，哪吒从胡作非为到解救钱塘关百姓，小白从为蛇族报仇到拯救天下，精神特质最终"神"化。

2. 适度把握人的升华

然而，普通人如何成长为英雄、成长到哪种程度，也是值得艺术创作者仔细推敲的，并不是为主角冠上"舍己为人""利他"的动机，故事逻辑就能变得合情合理。创作者可以通过判断主角的立场与故事中"愚者"的立场是否存在从对立到统一的转变，来把握人物的升华程度。

"愚者以其独特的审美价值，于痴傻憨态中呈现出深沉的安详，引发人们对灵魂的拷问，率领人们回到生命的原始状态。"① 从上帝视角来看，"愚者"的行为往往不可理喻：电影《哪吒之魔童降世》中，明明哪吒没有作恶多端，钱塘关的百姓却惧怕、憎恶他；电影《白蛇：缘起》中，明明小白要庇佑人类，村民却丝毫不信任她。

但是，电影人物通过内视角所感知的事物是受限的。"愚者"单纯的人物动机、原始的思维方式代表着人们最直率的想法与电影中的群体利益，甚至在一定程度上直指电影中世界观的本质。因此，主角成为英雄后，立场是否与"愚者"一致便至关重要。在故事的结局，"愚者"们看到了主角的升华，也会为主角感动。电影《大鱼海棠》中，椿为了拯救鲲而挑战神界规律的立场与"愚者"安居乐业的立场相违背，因此观众无法理解故事逻辑。而电影《大圣归来》《白蛇：缘起》《哪吒之魔童降世》等的主角都完美完成了从人性到神性的升华。

---

① 孙悦：《论童话故事中的愚者形象》，《沈阳师范大学学报》（社会科学版）2007 年第 6 期。

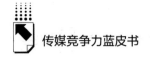

三　从古代到当代：人物命运的固守与超越

（一）儒家思想的固守

"儒学自孔子立说游学授业之日起，虽然不同程度地经受各个时代的本土学说和外来思想的冲击，但历经各代学者的阐发拓展融合，逐渐构成中国社会蔚为大观、旨义多元的，指向经典哲学、执政之道和日常规范的主流文化。"[①] 新兴国产"新神话"动画电影针对传统神话传说进行现代化的再创造，虽然在人物塑造与主题表达等方面尝试颠覆传统，但是依然保留了诸多深植在中国人的观念里的儒家思想。其中，人物命运轨迹对于儒家"入世思想"和"教化思想"的固守符合中国人的主流意识形态，影响也是正面、积极的，因此是必要的。

1. 立场转变：从出世到入世

"仁人志士的积极入世情怀和深沉忧患意识是儒家文化面对国运和民生的切实困境而勇于担当的核心理念。"[②] 儒家提倡用"积极入世"的思想来"修身、齐家、治国、平天下"，把自身的功用发挥到极致，给予更多人富足、平安的生活。姜子牙在巅峰时刻被贬下凡间，等同于"出世"，但是他也一直在追寻重新"入世"的道路。大圣、小白、哪吒、罗小黑等，最初都是与世俗格格不入的"异类"，不懂得世界的运转机制与人情世故，如"出世"般无拘无束。他们也从"出世"的"局外人"变得逐渐融入世俗，最终把自身命运和

---

① 尹晓丽：《儒家文化传统与中国电影民族品性的构成》，硕士学位论文，复旦大学，2007。

② 尹晓丽：《儒家文化传统与中国电影民族品性的构成》，硕士学位论文，复旦大学，2007。

黎民百姓紧密连接，贡献自己的力量来守护世界。电影中主人公们的经历正体现了儒家"积极入世"的思想。

2. 人物成长：教化思想的传递

儒家的"教化思想"指向"人的精神性成长"。[①] 前文提到的"人的升华"的内涵即是"教化思想"的体现。大圣和哪吒个性独特、放荡不羁，但从剧情伊始，天真又爱唠叨的江流儿便陪伴在大圣身边，用自己的善良来影响他；哪吒的父母与师傅太乙真人也都想方设法教育他成人。通过身边人对主角潜移默化的教化，最终主角完成"升华"，以牺牲自我的方式来拯救众生。新兴国产"新神话"动画电影在鼓励自我个性彰显的同时，依然强调对主角思想道德的建设。

（二）当代文化的渗透

然而，随着社会语境的变迁，传统的部分主流观念在当代已不适用。下面，笔者将从三方面来分析当代视域下人物命运轨迹的超越。

1. 动机转变：从"顺命"到"改命"

由于古时人类力量在大自然面前过于渺小，社会阶层流动性差，"宿命论"是很多文学作品的基调。"在封建社会，天命观和宿命论迎合了上至帝王下至平民的欲望与心理需求，成为人们重要的思维定式。"[②] "天命观宿命论是《封神演义》突出的主题思想"[③]，即使各路神仙为了抗争天命而努力，却依然无用。然而在当代社会中，教育的普及和信息的流通使得个人能够通过自身奋斗改变命运，因此，不轻易屈服于命运的价值观念也体现在当代影视作品中。在电影《哪吒之魔童降世》中，哪吒刚知道自己的"魔胎"身份时，曾经考虑

---

① 刘华荣：《儒家教化思想研究》，硕士学位论文，兰州大学，2014。
② 冯军：《〈封神演义〉诠释史论》，硕士学位论文，山东大学，2011。
③ 冯军：《〈封神演义〉诠释史论》，硕士学位论文，山东大学，2011。

过"顺命"，放任自流。但是，当钱塘关百姓受到生命威胁时，他一句"我命由我不由天"点燃了自己的反抗精神，压抑着内心的魔性来"逆天改命"。

2. 人物关系：父权话语的衰落

崇尚"君为臣纲，父为子纲，夫为妻纲"的男权封建社会已经消亡，当代社会中女权思潮的涌入使得延续传统的父权话语在逐渐衰落。年轻一代中，很多父母与子女的相处模式从"家长"变成"朋友"，两性爱情关系也大多是平等的自由恋爱。在新兴"新神话"动画电影中，即使故事背景发生在古代，创作者依然对传统父权社会中的人物关系进行了现代化调整。在《哪吒之魔童降世》中，哪吒的父亲李靖不同于以往影视作品中"封建大家长"的专制形象，对哪吒的如山父爱体现在一点一滴的行动中：不放弃对哪吒的教育，想要以命换命解救哪吒……在电影《白蛇：缘起》中，小白与阿宣的爱情关系也不同于《白蛇传》中许仙得知白娘子真身后的恐惧，阿宣为了爱情不惜舍弃人身，变为最低等的妖怪。男方为女方牺牲的举动无疑是当代社会中女性话语增强、两性关系趋于平等的体现。

3. 电影主题：自我个性的追寻

"本我、自我与超我"是由弗洛伊德提出的人格构成的三大部分，"其中本我是人格中最隐秘、最不易接近的东西。自我是实现了的本能、介于本我与超我之间的东西，它承担着把外部世界的要求传递给本我的任务。超我就是道德化的自我，包括'良心'和'自我理想'"①。

笔者在此用弗洛伊德的人格结构理论解析电影《哪吒之魔童降世》中哪吒的成长转变。一开始，哪吒是一个本性纯真的孩子，渴

---

① 葛亮：《本我·自我·超我——浅论〈简·爱〉中的"3+1"体系》，《国外文学》1999年第4期。

望得到他人认可，只是不能控制自己的力量。于是，他人对"魔胎"的刻板印象导致哪吒被迫接受外部世界的负面影响，成为叛逆的"自我"。最终，哪吒身体中的"魔力"被"自我"彻底释放，他在"本我"和"自我"中挣扎，达到了"超我"的蜕变。在封建社会中，统治阶级为了维护自身利益，长期压迫着平民阶层，人们的性格普遍受压抑。而哪吒对于"超我"的追寻符合当代人尊重性格多样性的心理，也肯定了当代社会鼓励人们自我表达的价值观。

四 从中国到世界：艺术创作的"引进来"与"走出去"

（一）引进来：外来文化的本土化

1. 突破古典风格，多元审美交融

早期国产动画经常采取非物质文化遗产的造型，如吸取了泥塑特点的《神笔马良》、剪纸动画《猪八戒吃西瓜》、运用壁画形式的《九色鹿》、水墨动画《小蝌蚪找妈妈》等，① 总体上以清新典雅的风格为主。在新兴国产"新神话"动画电影中，影片表达内容与民族神话紧密联系，势必会受到传统美学风格的影响。如在电影《白蛇：缘起》中，小白和许宣在乘船时，四周的山水都以国画笔法渲染，意境悠远绵长。在电影《罗小黑战记》中，大量的场景绘制运用了留白元素，简洁地勾勒出了人物所处的情境，既向观众传达出了叙事的必要信息，又能突出情节重点。

随着近年来中外影视产业交流合作的增加，新兴国产"新神话"

---

① 李磊、雍晴、王昌文：《浅析中国动画美学特征及文化成因》，《新闻界》2010年第 5 期。

动画电影中逐渐融合了外来美学元素，如《大鱼海棠》《罗小黑战记》的风格被指偏向日本动漫；《大护法》中诡诞的世界观、花生人的死亡"借鉴了欧美动画常用的暴力美学手法，将油画般的质感、荒诞的配色穿插在东方背景中"[①]；魔童哪吒的"烟熏妆"更是颠覆了人们对传统动画中乖巧孩童的"哪吒"形象认知。动画作品本就以无限可能的表达形式见长，国产动画电影适当突破古典风格，多元审美交融，在形式上进行大胆创新，在内容上包罗万象，有助于观众的审美体验与动画技术的发展。

2. 运用叙事法则，类型特征鲜明

好莱坞电影经历了百年的蓬勃发展，对"叙事法则"的运用已经登峰造极。无论是真人电影还是动画电影，目前国产类型片市场还有很大的发展空间，近年来国产电影的创作者有意识地学习好莱坞类型片的套路，然而中国电影工业化的流程规范与好莱坞还存在一定差距。

"大众化和商业性是类型电影最基本的特征。"[②] 动画电影也是如此。以《疯狂动物城》为代表的美国迪士尼动画电影与以《千与千寻》为代表的日本动画电影都具备这些要素，适合全年龄段的观众观看。然而，由于惯性思维，中国动画电影的主要受众还是儿童，以《熊出没》《喜羊羊与灰太狼》等知名少儿动漫 IP 改编的动画电影占据了院线动画电影的半壁江山，根据猫眼电影专业版 App 的票房数据，儿童向动画电影《熊出没：原始时代》贡献了 7.2 亿元人民币的票房，高于全年龄段的"新神话"动画电影《大鱼海棠》（5.7 亿元人民币）、《白蛇：缘起》（4.7 亿元人民币）和《罗小黑战记》

① 张静：《〈大护法〉：中西双重语境下的新式动画电影解构》，《电影评介》2017年第 15 期。

② 汪献平：《中国类型电影：现状与发展》，《当代电影》2008 年第 11 期。

（3.15 亿元人民币）。新兴国产"新神话"动画电影的创作虽然有意识地运用了类型片的创作技巧，但还未完全摘掉"低龄化"的帽子。如电影《小门神》虽然特效精致，但是在细节处理方面不尽如人意，喜剧元素如万圣节舞会的处理也不太自然，反派格局小，对成人而言甚至会产生"尴尬"的观看感受，该影片最终只收获了 7850.7 万元人民币的票房。

在"引进来"方面，除了培养国内成人观众观看动画电影的习惯，国产"新神话"动画电影还应该强化类型叙事的应用，面向普罗大众制作出真正的"合家欢"电影。

（二）走出去：如何向世界讲好中国故事

虽然新兴国产"新神话"动画电影在国内的商业表现非常成功，但是距离真正"走出去"还相差很远。以《哪吒之魔童降世》为例，其以 50.35 亿元人民币的票房成为 2019 年国内票房榜第一名，然而根据亚马逊公司旗下电影票房统计网站的统计，其在海外电影市场表现并不佳（见表1）。

表 1 　《哪吒之魔童降世》海外票房统计

单位：美元

国家	上映日期	总票房
美国	2019 年 8 月 29 日	3695533
英国	2019 年 8 月 30 日	55787
澳大利亚	2019 年 8 月 22 日	1366220
新西兰	2019 年 8 月 29 日	280357
越南	2019 年 9 月 17 日	909807

《哪吒之魔童降世》的海外市场总票房还不到国内票房的百分之一。其他几部在国内大获成功的"新神话"国产电影的海外票房表

现也不容乐观。笔者认为，要想提升国产"新神话"动画电影的竞争力，必须在整条电影产业链上下力气，从前期政策到后期发行都有所改进。

1. 政策：产业政策配合，助力海外传播

"国家政策对于动画产业的扶持和推动主要体现于资金补贴、增加播出量、奖励扶持三大方面。"① 在国家政策的扶持下，国内动画市场欣欣向荣，源源不断涌现出一批好作品。《文化部"一带一路"文化发展行动计划（2016~2020年）》中包含动漫游戏产业"一带一路"国际合作行动计划，在2020年"一带一路"文化产业和旅游产业国际合作重点项目总共入选45项，动画作品只有4项，国家助力国产动画作品"走出去"并没有一个独立的体系。

日本把"动漫外交"作为"文化外交"的方针之一，以动漫等流行文化向全世界宣传"酷日本"的形象，其动漫产业已经正式走出日本国门。根据日本动画协会发布的2019年动画产业报告，其海外销售额首次超过1万亿日元。国产"新神话"动画电影的目标观众主要是国内受众，因此对于电影制作公司来说，海外发行的投资回报比不高。国家首先需要通过完善相关产业政策来助力海外传播，用可持续发展的眼光看待"中国故事"走向世界，这样才能更好地传播中国文化。

2. 制作：增加合拍比例，吸纳国际阵容

在动画电影制作方面，中外合拍是一种卓有成效的方式。《功夫熊猫3》作为中美合拍作品，照顾到了中美两国观众的喜好。影片除了在国内收获10亿元人民币的票房以外，在北美市场也取得了1.43亿美元票房的亮眼成绩。这几部新兴国产"新神话"动画电影的制作团队都是中国人，制作以吸引国内观众为目的，并没有考虑影片

---

① 纪君：《政策动力下中国动画产业的宏观发展》，《青年记者》2020年第17期。

"出海"的问题。影片在国内票房大获成功后才想着出海"试水"，海外营销也只是点到为止。因此，可以尝试在电影制作前期就吸纳更加国际化的阵容，以吸引全球观众。

3. 形式：抛却形式"噱头"，打好内在基础

在国产"新神话"动画电影中运用大量的中国元素已成为创作者的思维惯性，仿佛这样就能"讲好中国故事"，然而这两者并无实质关联。动画电影中的中国元素要自然流露，若刻意灌输，可能"水土不服"，适得其反。"中国故事"体现的是中华民族的价值观，动画电影的输出不能从形式而要从内在出发，以真诚感动人。如电影《大鱼海棠》中中国传统元素的运用便是"噱头"，它以唯美的画风吸引观众观看，但没有打好内在基础，剧情无趣，引发观众集体在网上"吐槽"，遑论"走出去"。

4. 叙事：把握情感内核，展现共通精神

"新神话"动画电影以各民族的传统神话为题材，每个民族的信仰和习俗却各不相同，"走出去"会导致"文化折扣"，因此可能会在一个国家或地区的电影市场上创造很多收入，但在跨国市场上票房表现不尽如人意。[①]

然而，只要电影内核贴合人类共有的七情六欲，世界范围内各个种族的男女老少都能够欣赏。电影《寻梦环游记》以墨西哥亡灵节为灵感来源，却在中国大陆取得了 12.3 亿元人民币的票房。米格在亡灵世界和自己的曾祖父一起探险，曾祖父终于被妻子、女儿谅解，而米格也感受到了家人对自己的亲情。亲情是超越了国籍、种族、地理位置的普遍情感，而当代人也普遍有着像米格一样的际遇。观众通过观看米格的故事，依稀看到了自己的模样，而米格和家族的和解也

---

① Tanner Mirrlees, *Global Entertainment Media: Between Cultural Imperialism and Cultural Globalization*, New York: Routledge, 2013.

满足了他们的心理期待。因此《寻梦环游记》的成功归因于"亲情"这一核心主题的表达，它展现了全人类的共通精神。影片也顺利把亡灵节这一墨西哥传统节日传播到世界各地，是他国"新神话"动画电影"走出去"的典范。

5. 发行：增强海外营销，打造协同效应

新兴国产"新神话"动画电影的海外营销力量非常薄弱。以《哪吒之魔童降世》为例，其在澳大利亚由 CMC 华人影业发行，总体的发行工作非常仓促。为了能早日在海外上映，他们在拿下澳大利亚、新西兰的海外发行权之后，仅用一周时间就完成了所有排片和宣传工作。华人影业以海外华人为目标受众进行宣传营销，虽然尝试触及本土观众，但成效不佳。

影片在 YouTube 等新媒体平台上的宣传物料也寥寥无几，有的宣传视频甚至是中文标题，目的也是吸引海外华人受众，达不到"破圈"的效果。反观好莱坞大片在上映之前就进行了"大规模"的高概念营销活动，更是通过打造"大协同"效应，生产一系列辅助产品尽可能地创造收入。[1] 同样是在 2019 年上映的动画电影，《冰雪奇缘2》在国内市场上进行了大规模、多渠道的营销活动，如在黑色星期五和天猫国际合作定制"冰雪魔盒"，在微博等新媒体平台上也有多个营销号宣传，最终收获了 8.6 亿元人民币的票房成绩，远远超过其首部在 2014 年上映时取得的 3.0 亿元人民币的票房成绩。

因此，国产"新神话"动画电影的海外发行不能仅限于传统的线下影院宣传，更要借助社交媒体等形成协同效应，助力电影更好地"走出去"。

---

[1] Tanner Mirrlees, *Global Entertainment Media：Between Cultural Imperialism and Cultural Globalization*, New York：Routledge, 2013.

五 结论

几部新兴"新神话"动画电影国内票房大获成功也引得大量创作团队跟风。我们要尤为注意，随着"新神话"动画电影市场的逐渐饱和与观众审美阈值的提高，创作者更应该把注意力放在内容创作方面。

国内创作者可以在角色塑造的转变与融合、人物命运的固守与超越、艺术创作的"引进来"与"走出去"这三个方面下功夫，为观众对于民族共同神话的理解注入当代观念，重构"神话"这一民族性的集体记忆与情感表达。笔者坚信，在不久的将来，国产"新神话"动画电影将会变得包罗万象，成为兼具大众化、商业性和艺术性的主流电影，真正成为有国际影响力的"中国故事"。

Abstract

The book consists of six parts: general report, resource section, product chapter, service section, enterprise chapter, case study. It systematically evaluates and analyzes the international competitiveness of Chinese media from the aspects of resource endowment, products, services and enterprises, The results show that China media exports continue to be the top in the world, the export scale of media products has declined sharply, the media trade deficit continues to expand, the core competitiveness of export is low; and the international competitiveness of China media has not been effectively improved.

The general report systematically investigates the evolution of the international competitiveness of China media from the perspective of the scale of export, product structure, trade volume and international competitiveness index of China media global market.

The article analyzes the international competitiveness of Chinese cultural resources from the aspects of historical and cultural resources endowment, art products, cultural human resources and cultural infrastructure.

The product and service sections, based on UNCTAD industry classification standards, studied the international competitiveness of audio-visual products, new media products and publishing products in China, as well as computer and information services, royalties and licensing fees, personal, cultural and entertainment services.

Besides, the research compares and analyzes the international competitiveness of Chinese cultural enterprises from the aspect of performance of cultural enterprises, and concludes that the competitiveness of Chinese cultural enterprises is backward in developed countries and the international competitiveness of Chinese cultural enterprises has been greatly improved.

The case study includes two articles. The report *The research on short video marketing of urban image in the new media era* is analyzed by comparing the horizontal and vertical, the differences between the traditional media age and the new media era, the difference between the official and the self media in the new media era. Based on the analysis of typical cases of "new myth" animation films, the author points out that with the gradual saturation of the "new myth" animation film market and the improvement of audience aesthetic threshold, the creators should pay more attention to the improvement of content creation.

Keywords: Chinese Media; Chinese Culture; International Competitiveness; External Communication; Going Global

Contents

I Thematic Report

Abstract：From the perspective of global market export scale，
product structure，trade volume and international competitiveness index
evaluation of China's media，the general report systematically examines the
evolution of China's media's international competitiveness ranking，and
finds that China's media's overall export scale continues to rank in the
forefront of the world，the export scale of media products has sharply
decreased，the media trade deficit has continued to expand，and China's
media industry has been in the forefront of the world. The conclusion is
that the core competitiveness of export is low and the international
competitive disadvantage of Chinese media has not been effectively
improved.

Keywords：China's Media；Chinese Media Products；Media
Services；International Competitiveness

II   Resource Reports

B.2   A Comparative Study on the Endowment of Historical and
Cultural Resources in Different Countries (2009 – 2019)

Feng Ni, Hua Ying / 038

Abstract: According to the list of world heritage data published on
the official website of UNESCO, this paper makes a statistical analysis on
the scale and structure of world cultural heritage, and draws the conclusion
that the number of Chinese world heritage is in the forefront, the number
of Chinese cultural heritage has core competitiveness, and the world
endangered heritage needs more perfect management measures.

Keywords: World Cultural Heritage; International Competitiveness;
UNESCO

B.3   Comparative Study on the Competitive Advantage of Art
in Different Countries (2009 – 2018)

Liu Qiang, Zhao Qian / 060

Abstract: According to the classification standard of HS07 product
statistics of the United Nations commodity trade statistics database, this
chapter makes a statistical analysis on the international trade of visual arts and
performing arts products in various countries, and draws the conclusion
that China's art export scale ranks the top in the world, China's performing
arts products have significant international export advantages, and China's
art products' international export structure is unbalanced.

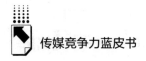

Keywords: Art Products; Visual Arts; Performing Arts; International Competitiveness

Ⅲ   Research on Chinese Cultural Products

B.4   Research Report on the International Competitiveness of
Audio-visual Products   *Liu Qiang, Xing Lina* / 075

Abstract: The research on the international competitiveness of audio-visual products is based on the UNCTAD industrial classification standard. The original data on the international competitiveness of audio-visual products are mainly from the UNCTAD creative economy database of the United Nations Conference on Trade and Development. The trade data of audio-visual products are calculated based on the summary of UNCTAD data. The study found that China's total export of audio-visual products is declining, China's trade deficit of audio-visual products is severe, and China's audio-visual products are growing International competitiveness is at a disadvantage.
Keywords: Audio Visual Products; International Competitiveness; Creative Economy

B.5   Research Report on International Competitiveness of New
Media Products   *Liu Qiang, Xing Lina* / 084

Abstract: The research on the international competitiveness of new media products is based on the UNCTAD industrial classification standard. It mainly studies the international competitiveness of new media products (digital recording, video games, etc.) . The original data are mainly from the UNCTAD creative economy database of the United Nations Conference on Trade and development. The trade data of new media products are calculated based on the summary of UNCTAD data. It is found that the export trade volume of China's new media products has decreased, and the international competitiveness has declined significantly.

Keywords: New Media Products; International Competitiveness; Creative Economy

B. 6   Research Report on International Competitiveness of

Publication Products   *Liu Qiang*, *Xing Lina* / 092

Abstract: The research on the international competitiveness of publication products is based on the UNCTAD industrial classification standard. The international competitiveness of (books, newspapers, periodicals, other publications, etc.) mainly comes from the UNCTAD creative economy database of the United Nations Conference on Trade and development. The trade data of publication products are calculated based on the summary of UNCTAD data. The study found that the export structure of China's publishing products is affected by the reform of new media and has a certain international competitive advantage.

Keywords: Publication Products; International Competitiveness; Creative Economy

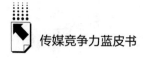

IV　Research on Chinese Cultural Service

B.7　Research Report on International Competitiveness of
　　　Computer and Information Service (2011 − 2018)

Wang Dake,　*Jiang Longjiuding* / 101

Abstract：Cultural services are classified according to the ebops Statistical Manual of international trade in services (2002), which mainly studies the development trend of computer and information services, royalties and licensing fees, personal, cultural and entertainment services. The original data are mainly from the United Nations COMTRADE database, and the trade data of media products and services are calculated based on the data (Due to the lack of UN data, the data of personal, cultural and entertainment services of public business information services of the Ministry of Commerce of China are combined with the data of UN audio-visual and related services).

The results show that the total export volume of China's computer and information services is growing rapidly, the international competitive advantage of China's computer and information services is weak, and the international competitiveness of China's computer and information services is declining; The international competitiveness of China's royalty and license fee services is obviously inferior, and the service of China's royalty and license fee is the key link restricting the international competitiveness of China's cultural products services; The international competitiveness of China's personal culture and entertainment services is weak, China's personal culture and entertainment services do not occupy an important position in China's cultural product services, and there are weak signs of improvement in the international competitiveness of China's personal culture and entertainment services.

Keywords: Cultural Services; International Competitiveness; Information Services

B.8   Research Report on International Competitiveness of
      Royalty and License Fee Services

Wang Dake, Jiang Longjiuding / 108

Abstract: This chapter mainly studies the international competitiveness of royalty and license fee services according to the UNCTAD industrial classification standard. The original data is mainly from the United Nations COMTRADE database, and the data of royalty and license fee service trade are calculated based on the summary of the data. The study found that China's royalty and license fee services are the key links restricting the international competitiveness of China's cultural products and services.

Keywords: Royalty and License Fee Services; International Competitiveness; Media Services

B.9   Research Report on International Competitiveness of
      Personal, Cultural and Entertainment Services

Wang Dake, Jiang Longjiuding / 115

Abstract: This chapter mainly studies the international competitiveness of personal, cultural and entertainment services according to the UNCTAD industrial classification standard. The original data is mainly from the United Nations COMTRADE database, and the trade data of personal, cultural and entertainment services are calculated based on the

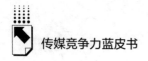
summary of the data. The study found that China's personal cultural and entertainment services do not occupy an important position in China's media services and have weak international competitiveness.

Keywords: Personal, Cultural and Entertainment Services; International Competitiveness; Media Services

V Research on Chinese Cultural Enterprises

Abstract: From the perspective of the main body of competition, cultural enterprises are an important dimension of the international competitiveness of the media. This part mainly compares and analyzes the international competitiveness of Chinese cultural enterprises from the aspects of the business performance of cultural enterprises, and draws the conclusion that the overall competitiveness of Chinese cultural enterprises is lower than that of developed countries, and the international competitiveness of Chinese cultural enterprises is greatly improved.

Keywords: Cultural Enterprise; Business Performance; International Competitiveness

VI Cases Reports

Abstract: At present, with its unique dynamic visual impact, short video has become the "favorite" of marketing. The city city city tiktok, represented by the jitter, has appeared in the "screen" network of red cities such as Xi'an and Chengdu. It has brought more remarkable results than the past TV city propaganda films for urban marketing, and more cities are rapidly making use of short videos. The purpose of this study is to explore the effect of short video in city marketing by comparative analysis. Through the horizontal and vertical comparison, this paper analyzes the differences between the traditional media era and the new media era in urban marketing, and the differences between the official and we media in using short video for urban marketing in the new media era. From this, we can contribute to the research of short video city marketing, and put forward constructive suggestions for the use of short video city marketing.

Keywords: Tiktok; Short Video; City Marketing

B.12　Research on the Creation and Development Strategy of
　　　"New Myth" Animated Film　　　　　　　*Liu Yanyan* / 151

Abstract: As the mainstream theme of domestic animated films in recent years, the box office success of several new "new myth" animated films has attracted a large number of creative teams. With the gradual saturation of "new myth" animation film market and the improvement of audience aesthetic threshold, creators should pay more attention to the improvement of content creation.

Keywords: New Myth; Animated Film; Chinese Animation

皮 书

智库成果出版与传播平台

❖ 皮书定义 ❖

皮书是对中国与世界发展状况和热点问题进行年度监测，以专业的角度、专家的视野和实证研究方法，针对某一领域或区域现状与发展态势展开分析和预测，具备前沿性、原创性、实证性、连续性、时效性等特点的公开出版物，由一系列权威研究报告组成。

❖ 皮书作者 ❖

皮书系列报告作者以国内外一流研究机构、知名高校等重点智库的研究人员为主，多为相关领域一流专家学者，他们的观点代表了当下学界对中国与世界的现实和未来最高水平的解读与分析。截至2021年底，皮书研创机构逾千家，报告作者累计超过10万人。

❖ 皮书荣誉 ❖

皮书作为中国社会科学院基础理论研究与应用对策研究融合发展的代表性成果，不仅是哲学社会科学工作者服务中国特色社会主义现代化建设的重要成果，更是助力中国特色新型智库建设、构建中国特色哲学社会科学"三大体系"的重要平台。皮书系列先后被列入"十二五""十三五""十四五"时期国家重点出版物出版专项规划项目；2013~2022年，重点皮书列入中国社会科学院国家哲学社会科学创新工程项目。

权威报告·连续出版·独家资源

皮书数据库
ANNUAL REPORT(YEARBOOK)
DATABASE

分析解读当下中国发展变迁的高端智库平台

所获荣誉

- 2020年，入选全国新闻出版深度融合发展创新案例
- 2019年，入选国家新闻出版署数字出版精品遴选推荐计划
- 2016年，入选"十三五"国家重点电子出版物出版规划骨干工程
- 2013年，荣获"中国出版政府奖·网络出版物奖"提名奖
- 连续多年荣获中国数字出版博览会"数字出版·优秀品牌"奖

皮书数据库

"社科数托邦"
微信公众号

成为会员

登录网址www.pishu.com.cn访问皮书数据库网站或下载皮书数据库APP，通过手机号码验证或邮箱验证即可成为皮书数据库会员。

会员福利

- 已注册用户购书后可免费获赠100元皮书数据库充值卡。刮开充值卡涂层获取充值密码，登录并进入"会员中心"—"在线充值"—"充值卡充值"，充值成功即可购买和查看数据库内容。
- 会员福利最终解释权归社会科学文献出版社所有。

数据库服务热线：400-008-6695
数据库服务QQ：2475522410
数据库服务邮箱：database@ssap.cn
图书销售热线：010-59367070/7028
图书服务QQ：1265056568
图书服务邮箱：duzhe@ssap.cn

S 基本子库
UB DATABASE

中国社会发展数据库（下设 12 个专题子库）

　　紧扣人口、政治、外交、法律、教育、医疗卫生、资源环境等 12 个社会发展领域的前沿和热点，全面整合专业著作、智库报告、学术资讯、调研数据等类型资源，帮助用户追踪中国社会发展动态、研究社会发展战略与政策、了解社会热点问题、分析社会发展趋势。

中国经济发展数据库（下设 12 专题子库）

　　内容涵盖宏观经济、产业经济、工业经济、农业经济、财政金融、房地产经济、城市经济、商业贸易等 12 个重点经济领域，为把握经济运行态势、洞察经济发展规律、研判经济发展趋势、进行经济调控决策提供参考和依据。

中国行业发展数据库（下设 17 个专题子库）

　　以中国国民经济行业分类为依据，覆盖金融业、旅游业、交通运输业、能源矿产业、制造业等 100 多个行业，跟踪分析国民经济相关行业市场运行状况和政策导向，汇集行业发展前沿资讯，为投资、从业及各种经济决策提供理论支撑和实践指导。

中国区域发展数据库（下设 4 个专题子库）

　　对中国特定区域内的经济、社会、文化等领域现状与发展情况进行深度分析和预测，涉及省级行政区、城市群、城市、农村等不同维度，研究层级至县及县以下行政区，为学者研究地方经济社会宏观态势、经验模式、发展案例提供支撑，为地方政府决策提供参考。

中国文化传媒数据库（下设 18 个专题子库）

　　内容覆盖文化产业、新闻传播、电影娱乐、文学艺术、群众文化、图书情报等 18 个重点研究领域，聚焦文化传媒领域发展前沿、热点话题、行业实践，服务用户的教学科研、文化投资、企业规划等需要。

世界经济与国际关系数据库（下设 6 个专题子库）

　　整合世界经济、国际政治、世界文化与科技、全球性问题、国际组织与国际法、区域研究 6 大领域研究成果，对世界经济形势、国际形势进行连续性深度分析，对年度热点问题进行专题解读，为研判全球发展趋势提供事实和数据支持。

法律声明